금융 아는 만큼 보인다

김재욱 지음

중앙경제평론사

책을 내면서

연 5% 수준인 저금리 상태가 계속 유지되고 있다. 애써 번 돈을 어떻게 잘 운용해야 좀더 나은 수익을 얻을 수 있을까? 요즘처럼 저금리가 지속되는 금융제도에서는 보유한 금융자산으로 생활에 필요한 고정수입을 확보하기가 어렵다.

우리 사회가 고령화사회로 접어들면서 퇴직 후 30여 년은 더 살아가야 하는데, 경제적인 준비가 충분하지 못한 대부분의 사람들은 노후생활에 대해 막연한 불안감을 가지고 있다. 이에 따른 대비책을 일찍부터 인식하고 준비해야 할 것이다.

그러기 위해서는 성인이 되어 사회생활을 시작할 때부터 경제적인 마인드를 가지고 금융자산(주식, 채권)이나 부동산 등 각종 재테크 수단에 대해 정확하게 알고, 생활의 일부분으로 체질화해야 한다. 그리고 언젠가 있을지 모르는 불행한 사태에 대비해 연금과 보험에 대한 지식도 평소에 차곡차곡 쌓아두어야 한다.

흔히 현대 사회를 글로벌 사회라고 한다. 외국과의 수출입이 기하급수적으로 늘어나고 있고, 해외여행이나 유학도 자유로우며, 일반인들의 해외 펀드투자 또한 계속 증가하고 있다. 이러한 때일수록 모든 사고를 환율과 연결시켜 생각할 줄 알아야 한다. 환율을 무시한 경제행위는 무지한 '우물 안 개구리'와 같기 때문이다.

　이 책은 앞서 펴낸 《손에 잡히는 필수 경제상식》에 이어 우리 생활에 필요한 금융의 기본 내용(금리, 환율, 보험)을 실생활에 반드시 필요한 재테크 수단과 연계시켜 설명하려고 노력했다. 나아가 자칫 지루해지기 쉬운 금융에 관한 이야기를 누구나 쉽고 재미있게 읽을 수 있도록 가능한 한 쉬운 표현으로 풀이했다.

　너도나도 주식시장에만 관심이 쏠려 있는 요즘, 이 책을 읽는 독자들만이라도 부디 균형감각을 가지고 효과적인 자산관리를 할 수 있기를 간절히 바란다.

　가을이 절정을 달리는 이 계절에 인생의 가을을 미리 준비하는 우리가 되기를.

김재욱

Contents

1장 생활과 금융

★... 돈이란 무엇인가 / 11
★... 이자는 왜 받는가 / 16
★... 금리를 결정하는 요인 / 19
★... 금리는 어떻게 계산하나 / 24
★... 금리변동이 우리 생활에 미치는 영향 / 31
★... 금융기관이 하는 일 / 33
★... 금융기관이 필요한 이유 / 36
★... 콜금리란 무엇인가 / 39
★... 저축·투자·투기의 차이 / 43
★... 투자수익률에 대해 알아보자 / 49
★... 현명한 금융상품 활용법 / 53
★... 금융기관의 대출자금 활용법 / 57
★... 경기변동에 적절한 금융상품 / 62
★... 금융상품에도 세금혜택을 받자 / 66
★... 꼭 가입해야 할 금융상품 / 70
★... 예금자보호제도 / 75
★... 상속인 금융거래 조회 / 80
★... 서브프라임 모기지 사태란 무엇인가 / 86
★... 현금영수증제도는 어떤 점이 유리한가 / 93

2장 환율과 경제생활

- ★ 환율이란 무엇인가 / 101
- ★ 햄버거 가격으로 환율을 안다? / 104
- ★ 외환시장에서 하는 일 / 108
- ★ 환율은 왜 변하는가 / 112
- ★ 엔캐리 트레이딩 / 117
- ★ 중국의 위안화가 평가절상되면 / 122
- ★ 달러의 약세는 계속될 것인가 / 125
- ★ 환율이 대외수출에 미치는 영향 / 129
- ★ 환율이 국내 수입에 미치는 영향 / 132
- ★ 환율이 국내 물가와 금리에 미치는 영향 / 134
- ★ 은행의 환율고시표 보는 방법 / 137
- ★ 가장 유리하게 환전하는 방법 / 141
- ★ 환전, 알고 하면 상당한 이익 본다 / 147
- ★ 환율변동 위험 피하는 외화예금 활용 / 151
- ★ 외환시장, 딜링룸, 외환딜러 / 156

Contents

3장 미래 위험에 대비한 보험제도

★... 보험의 기능과 역할 / 163
★... 보험계약 당사자란 무엇인가 / 168
★... 보험료와 보험금의 구분 / 171
★... 보험기간, 보험료 납입기간, 보험 계약기간 / 173
★... 보험의 종류에는 어떤 것이 있나 / 176
★... 보험료는 어떻게 계산하나 / 180
★... 사고나 사망의 보상금 계산방식 / 183
★... 정액보험과 변액보험 / 185
★... 변액유니버설보험이란 무엇인가 / 188
★... 방카슈랑스란 무엇인가 / 193
★... 보험계약서 작성 요령 / 196
★... 보장성 보험과 저축성 보험의 차이 / 199
★... 자동차보험료 절약방법 / 203
★... 인터넷에서 보험 싸게 가입하는 방법 / 209
★... 나는 어떤 보험에 가입할 것인가 / 214
★... 연말정산시 소득공제 받을 수 있는 보험 / 217
★... 퇴직연금제도 / 220
★... 노후관리를 위한 주택연금제도 / 225
★... 개인연금에 가입할 때 유의할 점 / 231

1장
생활과 금융

돈이란 무엇인가

돈의 성격

 오늘날 사회생활을 하는 데 가장 필요하한 것 한 가지만 말하라고 하면 대부분의 사람들은 '돈'이라고 대답할 것이다. 돈을 사용하면 거의 모든 것을 얻을 수 있기 때문이다. 그럼 과연 '돈'이란 무엇인가?
 우리가 일반적으로 사용하는 돈이라는 개념은 시간과 장소에 따라 그 의미를 달리 이해하기도 한다.
 첫째, "그 사람은 집에 돈이 많다"라고 하면 그 사람 명의의 기본 재산(fortune, wealth)이 많다는 의미이다. 통장에 예금액이 많을 수도 있으며, 본인 명의의 건물이나 토지 등의 부동산이 많을 수도 있고, 주식이나 채권 등 유가증권을 다량 보유하고 있을 수도 있다.

둘째, "그 사람은 요즘 돈을 잘 벌고 있다"라고 하면 그 사람이 현재 벌어들이는 수입(income)이 많다는 의미이다. 좋은 직장에 취직해 월급을 많이 받거나, 하는 사업이 잘되어 들어오는 수입이 많다는 의미이다.

셋째, 식당이나 극장 앞에서 "너 돈 가진 거 있냐?"라고 물었다면 현재 사용할 만큼의 현금(cash)을 가지고 있느냐는 의미일 것이다. 이와 같이 차이가 나는 돈의 의미를 분별하는 것은 앞으로 금융을 바로 이해하는 데 큰 도움이 될 것이다.

돈의 양면성

칼은 유능한 의사의 손에 들어가면 생명을 구하는 수술도구가 되지만, 만약 강도의 손에 들어가면 흉악한 살인무기가 된다. 마약도 마찬가지이다.

마약이 유능한 의사의 손에 들어가면 수술할 때 마취제로 이용되어 환자의 생명을 구할 수 있다. 그러나 마약 밀매업자의 손에 들어가면 사람의 정신과 육체를 피폐하게 하고 심지어 파멸에까지 이르게 한다.

이는 마약을 잘 사용하면 인간에게 매우 유용한 수단이 되지만, 잘못 사용하면 흉악한 무기가 된다는 마약의 양면성을 잘 나타내는 말이다.

이 말을 돈에 대해서도 동일하게 적용할 수 있을 것이다. 돈을 정상적으로 사용하면 이웃과 사회를 돕고 국가의 발전에도 절대적인 도움을 줄 수 있다. 그러나 돈을 잘못 사용하면 돈의 노예가 되어 이웃이나 가족을 망치게 되는 것이다.

돈이 많지 않음을 부끄러워할 필요는 없다. 돈은 필요한 정도만 있으면 되고 열심히 노력하면 그 정도는 벌 수 있기 때문이다. 오히려 부끄러워할 것은 금융에 대해 잘 몰라서 가까이 다가오는 돈을 벌 수 있는 기회조차 흘려버린다는 점이다.

생활은 경제적 선택의 연속

돈을 어떻게 사용하는 것이 현명한 선택일까? 우리가 돈을 사용해 어떤 제품을 산다고 가정해보자. A점포에 가면 그 제품을 5개 살 수 있고, B점포에 가면 동일한 제품을 6개 살 수 있다고 하자. 그러면 우리는 당연히 B점포를 이용하게 될 것이다. 이러한 선택의 원리 자체가 바로 우리가 경제적인 선택을 하고 있다는 말이다.

그러나 현실의 사회는 이러한 단순한 선택이 아닌, 하나를 위해 다른 하나를 희생해야 하는 선택의 연속으로 이루어진다.

예를 들어 돈 1만 원으로 친구와 식당에 가서 음식을 먹을 수도 있고, 극장에서 영화를 볼 수도 있다. 배가 많이 고픈 경우에는 식당에 가서 맛있는 음식을 사먹을 것이고, 배가 고프지 않으며 새로운 영화가 보고 싶을 때는 극장에 갈 것이다.

일정한 돈을 가지고 영화도 보고 동시에 맛있는 음식도 먹을 수는 없다. 즉 하나의 욕구(欲求, needs)를 충족시키기 위해 다른 하나의 욕구는 포기해야 하기 때문이다.

돈을 이용한 이러한 경제적 행위는 다양한 선택의 연속이다. 돈으로 얻게 되는 효용과 지불해야 하는 비용(費用)을 동시에 고려해야 현명하고 올바른 경제적 선택을 할 수 있다.

화폐의 가치

우리가 사용하는 화폐 표면에는 그 가치가 권면액으로 표시되어 있다. 이 말은 이 화폐를 가진 사람에게는 권면에 적힌 금액의 가치만큼 재화(財貨)나 서비스를 지불하라는 뜻이다. 그리고 그에 대한 책임과 보증은 화폐를 발행해 유통시키고 있는 정부(한국은행)가 담당하고 있는 셈이다.

> **화폐의 유래**
>
> 돈과 관계되는 한자인 화폐(貨幣), 자본(資本) 등의 글자를 보면 조개를 나타내는 패(貝)자가 포함된 것을 알 수 있다. 이는 금속화폐가 생기기 이전에 조개를 화폐의 단위로 사용했음을 알 수 있다. 또한 금전(金錢), 금융(金融), 현금(現金), 은행(銀行) 등의 글자를 보면 금(金)자가 들어 있다. 이는 금속이 화폐의 역할을 했음을 잘 나타내고 있다. 따라서 중국의 화폐 역사를 보면 우리나라도 이와 유사한 범주에 속한다고 보아도 무방할 것이다.

그러나 한국은행은 화폐를 무한정 발행하는 것이 아니라 국가의 경제상황을 감안해 돈이 제 가치를 발휘할 수 있을 정도의 양만 발행해 유통시키고 있다.

이자는 왜 받는가

이자를 지불하고 받는 이유

우리가 은행에 예금을 하거나 타인에게 돈을 빌려주면 이자(利子, interest rate)를 받는다. 그럼 돈을 빌려준 사람은 왜 이자를 받고 돈을 빌린 사람은 왜 이자를 지급해야 하는가? 그 이유는 두 가지로 생각해볼 수 있다.

첫째는 돈을 빌리는 시점과 돈을 갚는 시점의 돈의 가치가 다르기 때문이다. 동일한 화폐량으로 살 수 있는 상품 등의 양, 즉 화폐의 구매력에 차이가 나기 때문이다.

일반적으로 물가는 상승하는 경향이 있기 때문에 동일한 금액으로 상품이나 서비스를 살 수 있는 화폐의 구매력은 시간이 경과함에 따라 줄어들며, 이 줄어든 구매력 부족을 보상해주는 것이 '이자'라는 말이다. 따라서 물가가 많이 상승하면 금리가 상승하게 되고, 물가가 안정된 시기에는 금리가 거의 오르지 않는 것도 이러한 이유이다.

둘째, 돈을 빌려주는 사람은 자신이 필요한 경우에 돈을 즉시 사용할 수 없다. 돈의 공급자는 자신의 소비욕구를 포기하고 돈을 빌려준 데 대한 보상을 빌리는 사람으로부터 요구하기 때문이다. 현금을 그대로 보유할 경우에 발생할 수 있는 여러 기회비용을 포기하는 데 대한 보상이라고 할 수 있다.

이때 자금을 빌리는 자가 지불하고자 하는 사용대가와 자금을 빌려주는 자가 요구하는 보상이 서로 일치하는 수준으로 이자가 결정된다고 할 수 있다. 즉 돈에 대한 수요와 공급의 원칙에 의해 이자가 결정된다는 것이다. 한마디로 금리(金利, interest rate), 즉 이자율이란 '돈의 가치'를 나타내는 지표라고 할 수 있다.

금리의 종류

우리가 타인으로부터 돈을 빌려서 투자했다고 가정하자. 그런데 1년 후에 투자수익률(10%)이 지급한 이자율(7%)보다 높으면 지급한 이자가 전혀 아깝지 않을 것이다. 왜냐하면 순수한 투자수익이 3%(=10%-7%) 발생했기 때문이다. 그러나 투자수익률 (5%)이 이자율(7%)보다 낮으면 실질적으로는 2%(=5%-7%)의 손해를 본 셈이 된다.

여기에서 실질금리(real interest rate)란 자금을 빌리는 기업이나 개인이 부담하는 실질적인 금리부담을 말하는 것으로, 명목금리에서 물가상승률을 뺀 금리로서 화폐의 실질적인 구매력을 나타낸다. 반면 명목금리(nominal interest rate)란 시중의 물가가 상승할 경우 시중금리는 물가상승분을 반영해 높게 책정된다. 이와 같이 명목금리는 물가상승을 반영하여 외부로 표현되는 금리를 말한다. 피셔(I. Fisher)는 명목금리와 실질금리의 관계를 다음과 같이 잘 나타내고 있다.

명목금리 = 실질금리 + 예상 물가상승률

노력에 따라 누구나 부자가 될 수 있다

《명심보감》〈성심(誠心)〉편에 보면 '대부(大富)는 유천(由天)하고 소부(小富)는 유근(由勤)이니라' 라는 말이 있다. 이 말의 뜻은 사람이 큰 부자가 되는 것은 하늘의 뜻에 달려 있지만 작은 부자가 되는 것은 자신의 노력 여하에 달려 있다는 의미이다. 따라서 우리가 일상생활에 필요한 돈을 버는 것은 천운에 따른 것이 아니라, 경제를 알고 금융을 익혀서 이를 실천함으로써 가능하다는 말이 다. 이제부터라도 금융을 잘 익히는 지혜를 발휘하길 바란다.

금리를 결정하는 요인

금리의 결정원리

금리는 돈을 빌리려고 하는 수요량과 돈을 빌려주고자 하는 공급량이 일치하는 수준에서 결정된다. 일반적으로 자금의 수요자인 기업이나 개인이 차입한 자금을 이용해 생산활동에 투자해 얻을 수 있는 기대수익이 빌린 돈에 대해 지불해야 할 대가인 금리보다 크다면 돈을 빌려 투자하려 할 것이다.

예를 들면 경기가 좋아져서 새로운 투자를 하기 위해 자금을 쓰겠다는 사람이 많아지면 금리는 상승하며, 경기가 불투명해 새로운 투자를 회피해 자금을 쓰겠다는 사람이 적어지면 금리는 하락한다.

그러나 금리는 국민 경제 전체에 미치는 영향이 매우 크기 때문에 정책당국에서는 안정적인 경제운용을 위해 직간접적으로 한국은행을 통해 금리수준을 조정하고 있다.

금리결정에 영향을 미치는 요인들

금리는 기본적으로 자금의 수요와 공급에 의해 결정되지만 금리의 변동을 정확하게 예측하기는 매우 어렵다. 왜냐하면 자금의 수요와 공급에는 경제적인 요인뿐만 아니라 정치적·사회적 제반 요인들이 동시에 복잡하게 영향을 미치기 때문이다.

여기에서는 다른 요인은 제외하고 주된 요인인 경제적인 요인만 중심으로 생각해보기로 하자.

1) 경제활동 수준

국가의 경제활동 수준을 나타내는 대표적인 지표인 국내총생산(GDP)의 증가율을 들 수 있다. 경기가 활성화되면 기업들의 투자가 증가하고, 그에 따라 통화수요도 증가하게 된다. 또한 통화에 대한 수요의 증가는 자연스럽게 금리의 상승현상을 초래하게 된다.

2) 통화량

시중에 통화량이 증가하면 금리는 하락하게 된다. 이를 '통화의 유동성 효과'라고 한다. 그러나 장기적으로는 통화량 증가로 인한 금리하락은 투자를 증대시키고, 이는 소득증대로 이어진다. 이렇게 증가한 소득은 또다시 통화수요의 증가로 이어져 금리의 상승요인으로 작용하는데, 이를 '소득효과(income effect)'라고 한다.

또한 통화량의 증가는 물가상승으로 이어지고, 물가가 상승하면 통화의 실질 잔고액이 부족해져서 금리가 상승하며, 이는 다시 물가상승을 부추겨 명목금리를 상승시킨다.

3) 물가상승

우리가 타인에게 돈을 빌려줄 경우에 받고자 하는 금리는 현재 시점과 돈을 받을 만기 시점까지 물가상승률을 감안해 결정된다. 이는 금리를 결정하기 위해서는 화폐의 실질 구매력의 변동을 알아야 하기 때문이다. 물가가 상승하는 현상을 일반적으로 인플레이션(inflation)이라고 한다. 물가상승률이 시중금리를 초과한다면 실질금리는 마이너스가 되어 이자로 벌어들인 수입을 한순간에 날려버리는 셈이다.

예를 들어 돈을 빌려주면서 받는 명목금리가 4%인데 물가가 5% 상승했다면, 실질금리는 4%-5% = -1%가 되어 화폐의 실질

가치가 줄어들게 된다. 따라서 1년 후 동일한 가치의 제품을 사려면 실질적으로 1%의 화폐가 추가로 필요하다. 일반적으로 투자자들은 수익의 감소에는 민감하지만 물가상승, 즉 인플레이션에는 상대적으로 민감하지 못한 경향이 있다.

4) 국제금리

최근 4년간 미국의 계속적인 금리인상으로 국내 콜금리도 이에 보조를 맞추기 위해 불가피하게 인상하게 되었다. 최근 국제경제는 개방화된 글로벌 경제로서 한 나라만이 별도의 경제 시스템을 유지할 수는 없다.

만일 미국의 금리가 5%이고 국내 금리가 4%라면, 국내 유동자금은 금리가 낮은 우리나라 시장을 이탈해 금리가 높은 미국으로 흘러들어가게 된다. 뿐만 아니라 국내 채권시장의 자금이탈도 불가피해진다. 금리가 낮은 곳에서 높은 곳으로 자금이 이동하는 것은 물이 높은 곳에서 낮은 곳으로 흘러가는 것과 마찬가지로 자연스러운 현상이기 때문이다.

5) 환율

환율이란 두 나라 화폐간의 교환비율, 즉 상대적인 가치를 말한다. 일반적으로 대 달러 환율이 1,000원에서 900원이 되면 환율이 하락한 것이며, 원화가치가 평가절상되었다고 한다. 반대로 대 달러 환율이 1,000원에서 1,100원이 되면 환율이 상승한 것이며, 원화가치가 평가절하되었다고 한다.

환율의 변동은 국가경제에도 큰 영향을 미친다. 일반적으로 환율이 상승하면 수출증대 → 생산증가 → 금리상승으로 나타나고, 또한 환율상승은 수입감소 → 수입물가 상승 → 국내 물가상승 → 금리상승으로 나타난다.

해외에 자금을 예치하거나 외국으로부터 자금을 차입하는 개인이나 기업은 환율의 변동에 특별한 주의를 기울여야 한다. 예를 들어 달러로 외국 은행에 자금을 예치한 후 환율이 하락한 경우 하락률만큼 투자원금의 손실이 발생한다. 즉 환율하락률이 예금금리보다 클 경우에는 원금의 손실까지도 감수해야 한다.

반면에 환율이 상승한 경우에는 환율상승분만큼 추가이익을 얻을 수도 있다. 따라서 자금 예치기간 동안 환율이 상승할 것인지 하락할 것인가를 충분히 검토한 후에 자금예치 여부를 결정하는 것이 현명한 투자자의 자세라 하겠다.

금리는 어떻게 계산하나

이자의 발생

금융기관에 예금을 하면 일정한 이자(利子, interest rate)를 받는다. 반면에 금융기관에서 대출을 받으면 사전에 약정한 이자를 지불해야 한다. 그러면 돈을 빌려준 사람은 왜 이자를 받고, 돈을 빌린 사람은 왜 이자를 갚아야 하는가? 그 이유는 화폐의 시간가치의 차이와 화폐를 보유하고자 하는 유동성의 포기 때문이라고 할 수 있다.

첫째, 시간가치는 돈을 빌리는 시점과 돈을 갚는 시점의 물가 차이, 다시 말하면 인플레이션으로 인해 화폐의 구매력(購買力, purchasing power)에 차이가 나기 때문이다. 이자를 받음으로써 두 시점의 돈의 가치를 일치시킨다고 할 수 있다.

둘째, 유동성의 포기란 돈을 타인에게 빌려주는 기간 동안 돈을 사용해 얻을 수 있는 다른 효용(效用, utility)을 억제하는 것을 말한다. 이러한 이유로 말미암아 우리는 돈을 빌려주고 이자를 받고 있는 것이다. 그 중에서도 지금은 돈의 시간가치에 대해 생각해보고자 한다.

이자의 계산

돈을 빌려주는 데 대한 대가인 이자는 기간에 따라 차이가 나며, 계산하는 방법에 따라서도 차이가 난다. 이자를 계산하는 가장 간단한 방법에는 단리법과 복리법의 두 가지가 있으므로, 각각의 방법으로 이자를 계산해보자.

1) 단리법(單利法)

단리법이란 일정 기간 원금에 대해서만 약정금리를 적용하는 금리 계산방법이다. 일반적인 적금의 이자 적용방식이라고 생각하면 쉽다. 예를 들어 현금 100만 원에 대해 연 금리 10%로 1년간 예금하면, 이자는 100만 원 × 0.10 × 1년 = 10만 원이 되며, 2년간 예금하면 이자는 100만 원 × 0.10 × 2년 = 20만 원이 된다.

이와 같이 단순하게 이자를 계산하는 방식을 단리법이라 한다.

$$S=P(1+R\times N)$$
(S : 원리금 P : 원금 R : 연금리 N : 예금기간)

2) 복리법(複利法)

복리법이란 일정 기간의 마지막 날에 이자를 원금에 가산해 그 합계액을 다음 기간의 원금으로 해 금리를 계산하는 방법을 말한다. 즉 이자에 다시 이자가 붙는 계산방법이다. 보험상품들이 시간이 경과함에 따라 보험금이 많이 늘어나는 것은 대개 복리로 이자를 계산하기 때문이다.

복리법에 의해 이자를 계산하면 첫해는 단리법과 동일하게 10만 원이 되지만, 둘째 해는 첫해에 받은 이자를 원금에 포함시켜 이자를 계산하는 방식이다. 즉 둘째 해는 100만 원 × 0.1 × (1 + 0.1) = 11만 원이 된다. 따라서 2년간 예금하면 이자의 합계는 21만 원이 된다. 이와 같이 똑같은 금리라도 복리법으로 계산하면 단리법으로 계산하는 것보다 유리하다.

$$S=P\times(1+R)^n$$
(S : 원리금 P : 원금 R : 연금리 n : 연수)

예를 들어 1,000만 원을 매년 10%의 확정수익률 상품에 5년간 투자했을 때 단리와 복리의 이자는 110만 원이나 차이가 나며,

투자기간을 10년, 20년으로 늘린다고 할 경우 그 차이는 기하급수적으로 증가하게 된다.

맨해튼 섬 이야기

1959년 〈라이프〉지에 다음과 같은 기사가 실린 적이 있다. 1626년에 아메리카 인디언 멘헤이트족 족장은 네덜란드인 피터 미뉴에트에게 단돈 24달러를 받고 맨해튼 섬을 팔아넘겼는데, 이 인디언은 결국 현명한 거래를 했다는 내용이다.

그 이유는 1626년에 받은 24달러를 1959년 당시까지 연리 6%로 반 년마다 복리로 은행에 저축했더라면 그 가치는 95억 달러가 되며, 이 금액은 1959년 당시의 뉴욕 심장부인 맨해튼 섬과 건물 전체를 다시 사고도 남는 돈이라는 내용이었다.

그러면 1626년의 24달러가 380여 년이 지난 지금은 얼마로 불어나 있을까?

훗날 '월가의 전설적인 영웅'으로 불리는 피터 린치(Peter Lynch)는 1989년 재미있는 분석자료를 내놓았다. 당시 인디언들이 받은 24달러가 연 8%의 수익을 냈다고 가정하고 복리로 계산하면 1989년 당시에 그 가치가 무려 30조 달러에 이른다고 분석했다.

맨해튼 섬이 1,730만 평이니 평당 170만 달러를 주고 산 셈인데 1989년 분석 당시 맨해튼 전체 땅값은 600억 달러(평당 3,468달러)에 불과했다. 겉으로 보면 피터 미뉴에트가 단돈 24달러로 횡재한 것처럼 보이지만 복리의 마술을 생각한다면 누가 더 현명한지 금방 알 수 있을 것이다.

복리의 마술

복리의 마술을 이야기할 때 자주 인용되는 투자자는 오마하의 현인이라 불리는 워렌 버핏(Warren Buffet)이다.

실제로 그는 40년 동안 매년 26.5%의 수익률을 내고 재투자함으로써 5,000달러짜리 펀드를 1만 2,000배인 6,000만 달러로 만들었으며, 물가상승률 5%를 감안하더라도 1,700배인 850만 달러로 만들어 복리의 마술을 실례로 보여주었다.

> **워렌 버핏**
>
> 워렌 버핏은 '금세기 최고의 투자가', '오마하의 현인'으로 불리는 증권투자의 대가이며, 증권투자회사 '버크셔 해서웨이'의 회장으로 '세계 제2위의 부자'이다. 그는 저평가된 기업을 발굴하여 '가치투자'를 실현한 주인공이며, 2006년에는 재산의 90%를 빌 게이츠 재단에 기부하여 세계적인 갈채를 받기도 했다.

72의 법칙

72의 법칙이란 복리법을 기본으로 계산하는 방법으로, 우리가 투자한 돈이 두 배가 되는 데 걸리는 시간을 알려주는 공식이다. 즉 72를 연금리(%)로 나누면 투자액이 두 배가 되는 기간을 말한다.

예를 들면 연금리가 10%라면 원금 100만 원이 200만 원이 되는 데 걸리는 시간은 72÷10(%)=7.2(년)이라는 말이다. 이를 응용하면 자신의 돈을 2배로 만들기 위해 몇 %의 금리상품에 가입해야 하는지를 알려준다.

다시 말하면 현재의 돈을 5년 후에 2배로 만들기 위해 몇 %의 상품에 가입해야 하는지 알아보려면 72÷5(년)=14.4(%)가 되어, 연이자 14.4%의 금융상품에 5년간을 저축하면 저축금액은 2배로 증가한다는 말이다.

동일한 원리로 현재의 물가가 2배로 오르는 데 걸리는 시간을

원금을 두 배로 만드는 72의 법칙

예금기간×연간 이자율=72
72÷연간 이자율(%)=예금기간(년)
72÷예금기간=연간 이자

알고 싶으면 72를 예상 물가상승률로 나누면 된다.

즉 물가상승률을 10%로 가정하고 현재 생활비가 100만 원 필요하다면, 7년 후에는 200만 원, 14년 후에는 400만 원이 필요하다는 것을 알 수 있다. 그리고 21년 후에는 800만 원이 필요하게 된다.

금리변동이 우리 생활에 미치는 영향

금리가 낮으면 어떤 현상이 일어날까

금리가 경제 전반에 미치는 영향이 매우 크기 때문에 정책당국에서는 안정적인 경제운용을 위해 직간접적으로 금리를 조정하고 있다. 요즘처럼 금리가 낮은 경우에는 다음과 같은 현상이 나타난다. 금리상승 효과는 반대로 생각하면 될 것이다.

첫째, 금리가 낮아지면 돈은 금융시장을 이탈해 수익성이 높은 증권시장이나 부동산 시장 등 실물경제 시장으로 이동한다. 1997년 외환위기 발생 초기에 금리가 치솟을 때 주식시장과 부동산의 가격이 크게 떨어졌으나, 최근 2005~2006년 금리의 하락추세가 계속되자 저금리로 은행에서 대출을 받아 주식과 부동산에 투자하는 사례가 많아져서 주가와 부동산 가격이 폭등한 사실에서 알 수 있다.

둘째, 금리가 낮아지면 기업의 금융비용이 감소되어 기업실적이 개선되는 효과를 가져와서 주가에는 상승효과를 나타낸다. 특히 금융기관 의존도가 높은 기업의 재무구조하에서 금리의 변동은 기업실적에 더욱 큰 영향을 끼친다고 할 수 있다.

셋째, 금리의 하락은 금융상품의 수익률을 하락시키고, 따라서 저축의욕이 감퇴하여 소비가 증가하므로 경기 활성화의 원인이 되기도 한다. 그러나 금리하락으로 금융소득이 줄어드는 노년층에게는 소비를 억제시키는 효과도 나타난다.

과거 우리나라 금리가 10% 전후로 움직일 때 투자자는 주식투자의 필요성을 인식하지 못했으나, 최근 계속되는 5% 수준의 저금리 현상으로 보다 높은 수익을 얻을 수 있는 다른 재테크 수단(주식, 부동산)을 찾고 있다.

금융기관이 하는 일

금융이란 무엇인가

우리의 모든 일상생활은 돈과 연관되는 경제활동의 연속이다. 따라서 오늘날 돈을 소비하지 않고는 하루도 생활할 수 없을 정도로 돈과 불가분의 관계에 있다. 금융(金融)이란 자금의 여유가 있는 공급자로부터 자금이 필요한 수요자에게로 이자를 매개체로 해 자금이 융통(이동)되는 현상을 말한다.

그러나 현대적인 의미에서는 직접적인 자금의 융통뿐만 아니라 이와 관련된 모든 서비스(정보의 생산 및 인수, 각종 데이터의 처리와 통신)를 통칭하는 것으로 해석되고 있다.

금융기관이란 무엇인가

우리가 금융활동을 할 수 있도록 하는 금융기관은 우리 생활에 어떠한 편의를 제공하고 있는가? 금융기관은 자금을 필요로 하는 수요자와 자금을 제공하는 공급자들이 모여 일정한 거래규칙에 의해 공정한 거래를 할 수 있는 장소인 금융시장을 제공하는 역할을 하는 조직이다.

그러나 자금이 있어도 자금의 수요자와 공급자 사이에 서로 조건이 맞지 않아서 거래가 원활하게 이루어지지 못하는 경우가 있다. 따라서 이러한 어려움을 해결해 자금이 원활하게 흐르도록 하기 위해 다양한 형태의 금융기관들이 설립되어 각각 그 역할을 담당하고 있다.

금융기관의 구분

금융기관을 분류하는 기준은 여러 가지이다. 일반적으로 사용되는 기준은 국제통화기금(IMF)의 통화성 기준으로 금융기관의 통화창출 기능의 유무에 따른 구분방법이다. 이에 따르면 금융기관은 크게 통화 금융기관, 비통화 금융기관, 기타 기관의 3가지 유형으로 나누어진다.

1) 통화 금융기관

통화 금융기관은 현금통화(現金通貨)를 창출하는 중앙은행과 예금통화를 창출하는 예금은행으로 나누어지며, 예금은행은 다시 일반은행과 특수은행으로 구분된다. 일반은행은 은행법에 의해 설립된 시중은행, 지방은행, 외국은행 국내 지점 등이 이에 속한다. 그리고 특수은행은 기업성이나 전문성 때문에 일반은행이 접근하기 어려운 부분에 자금을 공급하는 등 특수한 목적을 달성하기 위해 설립된 금융기관이다.

2) 비통화 금융기관

비통화 금융기관은 업무의 특성에 따라 개발기관, 투자기관, 저축기관, 보험기관으로 나누어진다. 개발기관에는 산업은행, 수출입은행 등이 있으며, 투자기관은 종합금융회사, 투자신탁운용회사, 증권금융회사 등으로 분류된다. 그리고 저축기관으로는 은행신탁계정, 상호저축은행, 신용협동기구, 체신예금 등이 있다.

3) 기타 기관

기타 기관이란 통화 금융기관이나 비통화 금융기관에 포함되지는 않지만 금융 중개기능을 수행하거나 금융기관과 관련성이 많은 업무를 수행하는 기관이다. 증권회사와 증권 관련 기관, 신용보증기관, 벤처금융회사, 손해보험회사, 리스회사 등이 있다.

금융기관이 필요한 이유

금융기관의 기능

　금융기관이란 가계나 기업과 같은 자금의 공급자로부터 자금을 유치해 자금을 필요로 하는 다른 가계나 기업으로 자금을 대출하는 기관을 의미한다.
　이러한 금융기관은 자금의 공급자와 수요자가 집합적으로 모여 일정한 거래질서에 의해 공정한 거래를 할 수 있도록 장소를 제공함으로써 거래비용의 절감, 자산의 전환, 지급 결제수단의 제공, 채무불이행 위험 축소 등의 기능을 수행하고 있다.

거래비용 절감 기능

만일 금융기관이 없다면 개인이 대출을 하고자 할 경우 직접 거래의 상대방을 찾아서 상대방에 대한 신용상태를 분석하고 거래 관련 법규도 조사해야 하는 등 막대한 비용이 소요될 것이다. 따라서 금융기관은 일정한 규칙에 의해 예금, 대출, 투자, 신용정보의 수집 및 분석, 법률 서비스 제공 등에 관한 전문인력을 보유하고 있으므로 이들 업무에 대한 규모의 경제나 범위의 경제를 가진다.

자산전환 기능

만약 금융기관이 존재하지 않는다면 자금의 수요자와 공급자 사이에 발생하는 마찰의 요소, 즉 자금의 거래규모, 이용기간, 금리 등에 있어서 조건이 서로 다르므로 거래형성이 어려워진다. 따라서 금융기관은 이러한 다양한 조건으로 공급된 자금들을 모아서 수요자가 필요로 하는 형태의 자금으로 그 용도 등을 전환시킨다.

지급 결제수단 제공 기능

최근 정보통신 기술의 발달로 금융기관 업무에도 혁신적인 변화가 일어나고 있다. 금융기관은 수표, 어음, 신용카드, 계좌이체 등을 통해 거래를 구체적으로 실행시키는 지급 결제수단을 제공해 경제활동을 편리하게 지원하고 있다. 뿐만 아니라 적은 비용으로 장거리 계좌이체가 가능하며, 일정 금액의 화폐를 디지털로 저장할 수 있는 전자화폐 및 IC카드도 있다.

채무불이행 위험 축소 기능

금융기관은 채무불이행에 따른 위험과 투자자산의 가격변동에 따른 위험을 축소시켜준다. 개인의 소규모 자금으로는 분산투자가 불가능하지만 금융기관은 이를 대규모 자금으로 모아 기금화하기 때문에 분산투자가 가능하여, 일부의 채무불이행 사태가 발생하더라도 투자자산에 대한 위험을 축소시켜준다.

콜금리란 무엇인가

　매달 둘째 주, 넷째 주 목요일에 한국은행에서 금융통화위원회가 열려 국가의 통화정책 방향을 결정한다. 이때 온 국민의 시선은 콜금리를 올릴 것인가 하는 점에 관심이 집중된다. 과연 콜금리란 무엇이며, 왜 콜금리 변경이 국민경제에 중요한 영향을 미치는지 알아보자.

콜금리의 의미

　금융기관도 영업활동을 하면서 예금을 받고 대출을 하는 과정에서 자금의 여유가 생기기도 하고 갑자기 부족한 경우도 발생한다. 일시적으로 자금이 부족한 금융기관이 자금의 여유가 있는 다른 금융기관에 자금을 빌려달라고 요청하는 것을 '콜(call)'이라고 하며, 이때 적용하는 초단기 금리를 '콜금리(call rate)'라고 한다. 보통 1일물 거래가 대부분이다. 그리고 이와 같이 금융기관간에 발생한 과부족 자금을 거래하는 시장을 '콜시장'이라고 한다.

콜시장은 금융시장 전체의 자금흐름을 가장 민감하게 반영하는 곳이기 때문에 이곳에서 결정되는 금리를 단기 실세금리의 지표로 활용하고 있다. 과거에는 은행은 은행끼리, 제2금융권은 제2금융권끼리 자금을 주고받는 등 콜시장이 이원화되었으나, 1991년 양 시장의 통합 이후 콜자금의 거래는 금융기관이 공동 출자한 한국자금중개(주)를 통해 형성되고 있다.

콜금리의 결정

콜금리는 재정자금의 동향이나 개인기업의 현금수요 등을 배경으로 한 금융시장의 수급사정에 의해서 변동되는데, 실제로는 한국은행의 금융통화위원회에서 결정한다. 따라서 경기과열로 물가가 상승할 가능성이 있으면 콜금리를 높여 시중자금을 흡수하고, 경기가 너무 위축될 것 같으면 콜금리를 낮추어 경기를 활성화시키는 방안을 세운다.

금융통화위원회

　금융통화위원회는 한국은행법에 의해 한국은행 내에 설치되어 통화신용 정책을 수립하고, 한국은행의 업무 전반을 관리하고 지시·감독하는 기관이다.
　특히 중요한 통화신용 정책으로는 첫째로 현금통화 발행량을 조절하고, 둘째로 법정 지급준비율을 조정하며, 셋째로 재할인율을 조정하고, 넷째로 통화안정증권이나 국채 등을 사고파는 방식으로 시중의 자금량을 조절해 금리의 결정에 직간접적으로 영향을 미친다.

콜금리가 미치는 영향

1) 금리 경로

　콜금리를 인상하면 여타 단기 금리도 상승하고, 따라서 장기 금리 및 금융기관 여수신 금리의 순서로 상승하게 된다. 그러나 콜금리 인상이 예상되어 시장금리가 미리 상승한 경우에는 실제 콜금리 상승을 발표한 이후에 오히려 큰 변동 없이 종전의 수준을 그대로 유지하는 경우도 있다.

2) 자산가격 경로

금리인하로 채권수익률이 하락하면 상대적으로 주식이나 부동산에 대한 수요가 늘어나 가격이 상승한다. 따라서 가계의 부(富)가 늘어나서 가계소비가 확대된다.

3) 환율 경로

국내 금리가 하락하면 자국 통화표시 자산의 수익률이 상대적으로 하락하므로 외화표시 자산에 대한 수요가 늘어나면서 자본이 해외로 유출된다. 따라서 환율이 상승하고, 이는 다시 수출증가, 수입감소, 물가상승 등의 현상을 유발한다.

4) 신용 경로

콜금리 인하 등으로 통화정책 기조가 완화되면 시중자금의 가용량이 풍부해지고 자산가격 상승으로 담보가치도 높아짐에 따라 금융기관은 신용대출을 확대해 공급하게 된다.

저축 · 투자 · 투기의 차이

최근 금융기관에서 판매하는 펀드상품 가운데 '원금보장'이라는 말을 많이 사용하고 있으나, 이는 자금 운용구조를 가능한 한 원금손실이 없도록 운용하겠다는 의미일 뿐 이에 대한 법적인 구속력은 전혀 없다. 왜냐하면 펀드라는 상품은 저축상품이 아닌 투자상품이기 때문이다.

원리금의 보장 여부

금융기관에 가면 여러 가지 금융상품을 소개하는 가운데 '저축상품' 또는 '투자상품'이라는 말을 흔히 듣게 된다. 이때 저축과 투자를 구체적으로 어떻게 구분할지 몰라 당황하는 경우가 종종 있다.

간단히 설명하면 저축(saving)이란 계약의 만기 시점에 원금과 당초의 약정금리가 확실히 보장되는 안전한 재산증식 수단을 말하며, 투자(investment)란 저축보다 높은 수익을 얻을 가능성은 있으나 만기 시점에 약정수익뿐만 아니라 원금의 지급이 보장되지 않으며, 손실의 가능성까지 있는 경우를 말한다.

그리고 투기(speculation)란 정상적인 투자행위보다 위험과 기대수익률이 너무 높으며 운용기간도 단기인 경우를 말한다. 나아가 일확천금을 노려 파친코에 가서 블랙잭을 한다면 이는 도박(gambling)이 될 것이다.

그러나 이 모든 행위는 미래에 일정한 수익을 얻기 위해 현재 그 돈을 사용함으로써 얻을 수 있는 확실한 만족감을 억제하는 것과 두 시점간의 화폐가치의 차이에 대한 보상이라고 할 수 있다.

저축과 투자

일정한 금액의 돈을 소유하게 되면 저축을 할까, 투자를 할까 고민을 하게 된다. 우리에게 1억 원이라는 돈이 있다고 하자. 이 돈을 은행에 정기예금으로 저축하면 원금과 이자의 지급이 확실하게 보장된다.

  그러나 주식이나 부동산에 투자해 가격이 오른 후 팔면 저축을 하는 것보다 더욱 큰 이익을 얻을 수도 있다. 그런데 왜 예금을 할까, 주식이나 펀드를 살까 고민하는 것일까? 그 이유는 주식이나 펀드를 사는 경우에는 원금손실의 위험이 있기 때문이다.

  이와 같이 기대이익이 큰 곳에는 그에 상응하게 위험도 수반된다는 사실을 알아야 한다. 여기서 우리는 원금과 이자가 보장되는 경우를 저축이라 하며, 원금손실의 위험도 있는 경우를 투자라고 한다.

  구체적으로 말하면 은행에서 정기예금에 가입하는 것은 가장 안정된 이익을 취하는 방법으로 이를 저축이라 하고, 주식이나 펀드를 매수하는 경우는 유가증권 투자라고 말한다. 은행에서 달러를 매입하는 행위는 외환투자이며, 보석상에 가서 금을 사서 모으는 행위는 실물투자, 그린벨트 지역의 토지를 구입하는 행위는 부동산 투자라고 한다.

  그러나 이러한 투자행위를 단기간의 가격상승에 따른 이익을 위해 거래한다면 투기가 될 것이다. 나아가 확률이 매우 낮은 상태에서 단순히 요행만 노린다면 이는 도박이라고 할 수 있을 것이다.

투자와 투기

투자에는 저축과 달리 위험이 따른다. 그러면 투자와 투기는 어떤 차이가 있을까? 그 구분은 다양하게 표현할 수 있으나 투자는 정상적이고 합리적인 근거 아래 적절한 위험을 부담하면서 돈을 증식하는 방법이지만, 투기는 비정상적이고 비윤리적인 방법으로 돈을 증식하는 방법이라고 할 수 있다.

그리고 기간적으로 단기간에 큰 이익을 노리는 경우는 투자가 아닌 투기라고 할 수 있다. 목적과 수단을 가리지 않고 손쉬운 방법으로 돈을 벌려고 한다면 순간적으로 성공하는 경우도 있겠으나 결국은 실패해 모든 것을 잃어버리게 될 것이다.

기대수익과 위험

이러한 모든 행위의 공통점은 미래에 더 큰 이익을 얻기 위해 현재의 소비로 인한 즐거움을 희생하는 경제행위이다. 그런 점에서 위의 모든 행위를 투자라고 할 수 있으나, 일반적으로 저축과 투자와 투기를 구분한다.

이러한 구분은 미래에 예상되는 기대수익(expected return)과 이를 얻지 못하게 될 가능성인 위험(risk)이라는 관점에서 구분한다. 따라서 저축은 적은 위험으로 적은 수익을 기대하는 행위이고, 투자·투기는 보다 높은 위험 속에서 기대수익이 큰 행위라고 할 수 있다.

저축의 필요성

우리는 급변하는 경제적·사회적 환경에도 불구하고 노후까지 원하는 대로 안정된 생활양식을 유지하기를 바란다. 이러한 안정적인 생활에 대한 기본적인 욕구를 충족시키기 위해 체계적인 저축이 필요하게 된 이유는 무엇인가?

첫째는 전 생애에 걸친 체계적이고 안정된 소비활동을 위해서이다. 따라서 생애 각 단계별 라이프 플랜(life plan)에 의한 소득과 소비지출을 맞추기 위해 저축을 생활화해야 한다.

둘째로 미래의 예상치 않은 자금이 소요되는 위험에 대비해야 한다. 우리는 일상생활에서 미래에 당할 수 있는 화재나 도난 및 불의의 사고나 실업, 질병으로 인한 예상외 자금의 필요에 대비하기 위해 평상시 철저한 저축생활이 필요하다.

셋째로 급변해가는 사회·경제적 제반 환경에 적응해야 한다. 최근 고령화사회를 지나 고령사회로 진전됨에 따라 앞으로의 사회는 노인 스스로 자기 생계에 대해 경제적 자립을 하고 스스로 책임져야 할 사회로 변화해가고 있기 때문에 이에 대비한 철저한 저축생활이 필요하게 되었다.

고령화사회의 분류(UN의 정의)

- 고령화사회(aging society) : 전체 인구 중 65세 이상 고령인구 비율이 7% 이상~14% 미만인 사회.
- 고령사회(aged society) : 전체 인구 중 65세 이상 고령인구 비율이 14% 이상~20% 미만인 사회.
- 초고령사회(super-aged society) : 전체 인구 중 65세 이상 고령인구 비율이 20% 이상인 사회.

투자수익률에 대해 알아보자

우리가 투자를 할 때 가장 먼저 생각하는 것이 투자원금에 대한 투자수익, 즉 투자수익률이다. 투자수익률은 1년을 기준으로 생각하는 것이 일반적이다.

투자수익률

투자수익률이란 일정 기간 동안 발생한 투자수익을 투자원금으로 나눈 비율을 연 수익률로 환산한 비율이다. 이 수익률은 현재의 투자액에 대한 미래가치의 증가율로도 볼 수 있으므로 미래에 획득이 가능한 모든 투자수익의 현재가치와 현재의 시장가치를 일치시켜주는 할인율이라고 할 수 있다.

투자수익률은 투자의 성과를 측정하는 데 사용하는 보편적인 지표로서 다른 금융상품의 수익률과 비교해 투자 여부를 결정하는 데도 많이 이용된다.

투자수익률에 관해 좀더 자세히 이해하기 위해서 대표적인 금리상품인 채권의 수익률을 통해서 알아본다.

금리

화폐의 시간가치란 일정 기간 동안 화폐를 이용해 제반 경제활동에 투자해 증식시킬 수 있는 가치를 말한다. 이 경우 현재 시점의 가치를 현재가치(present value, PV)라고 하며, 증가된 미래 시점의 가치를 미래가치(future value, FV)라고 한다. 따라서 화폐의 미래가치는 현재가치보다는 당연히 크다고 할 수 있다.

여기서 우리는 현재가치와 미래가치의 차이를 금리라는 개념으로 이해할 수도 있다. 이러한 현재가치에 대한 미래가치를 계산하기 위해서 다음과 같은 복리식을 이용해보자. 이와는 반대로 미래에 받을 금액을 현재의 가치로 평가(할인)한 것이 현재가치이다. 이 현재가치는 미래가치의 역수로 구할 수 있다.

$$FV = PV \times (1 + r \times \frac{1}{m})^{n \cdot m}$$

(FV : 미래가치 PV : 현재가치 r : 이율 n : 연수 m : 연간 이자지급 횟수)

예를 들어 연이율 10%를 6개월 복리로 2년간 재투자할 경우 현재의 100만 원은 2년 후에는 1,215,000원이 된다. 이것은 100만 원이란 투자금액이 만기인 2년 후에 215,000원인 21.50% 증가했다는 것을 의미하며, 1,215,000원은 현재의 100만 원에 대한 2년 후의 미래가치라고 한다.

$$FV = 100만 \times (1 + 0.10 \times 1/2)^{2 \times 2} = 1,215,000(원)$$

할인율

미래가치를 현재가치로 환산할 때 사용하는 금리는 수익률이라고 하지 않고 '할인율(discount rate)'이라고 한다. 할인율과 현재가치는 반대방향으로 변화한다. 즉 할인율이 높아지면 현재가치는 낮아지고, 할인율이 낮아지면 현재가치는 높아진다.

결국 수익률과 할인율은 동일한 개념이지만 금융시장에서 말하는 시장수익률은 미래가치를 현재가치로 환산하는 데 쓰이는 할인율이다.

연금금리의 경우 우리는 매 기간마다 일정 금액을 지급받는데 이 금리를 투자자의 입장에서는 연금 지급액으로도 볼 수 있다.

앞의 예에서 2년 후의 미래가치 1,215,000원의 현재가치는 100만 원이 된다. 따라서 미래가치와 현재가치의 관계를 환산할 때 가장 중요한 역할을 하는 것이 바로 할인율로 사용되는 이자율(r)이다.

$$PV = FV \times \frac{1}{(1+\frac{r}{m})^{n \cdot m}} = \frac{FV}{(1+\frac{r}{m})^{n \cdot m}}$$

$$PV = \frac{1,215,000}{(1+0.1/2)^{2 \times 2}} = 1,000,000(원)이 된다.$$

현명한 금융상품 활용법

우리는 일상생활을 하면서 거의 매일 금융기관을 이용하며 생활하고 있다. 그러나 우리가 금융기관을 이용할 때 알게 모르게 잘못된 습관이 있다. 다시 한 번 돌아보고 현명한 이용방법을 몸에 익히도록 하자.

많은 금액은 분산투자

재산이 적은 소득자가 일시에 큰돈을 벌기 위해 고수익 상품에 전액 투자하는 경우가 있다. 고수익이 기대되는 상품에는 반드시 고위험이 따른다는 사실을 명심해야 한다.

자신의 소득을 분산해 1/3 정도만 고수익 상품, 또한 1/3은 장기 투자, 그리고 나머지는 보다 안정된 확정금리부 상품 등에 반드시 분산투자해야 한다.

특히 주식이나 펀드와 같은 고위험 상품에는 매달 생활비와는 직접 관계가 없으며 장기 투자가 가능한 여유자금을 이용해야 한다.

저축목표에 적합한 금융상품 선정

저축의 목표가 내집마련이라면 반드시 주택청약예금에 가입해야 대출이나 세제혜택까지 받을 수 있다.

그러나 단순한 재산형성이 저축의 목표라면 근로자를 위한 재형저축에 가입하는 것이 세제상 혜택까지 얻을 수 있는 현명한 선택이다. 세제혜택의 범위 및 규모는 예상외로 커서 많은 혜택을 얻을 수 있다.

따라서 다양한 금융상품 중에서 자신의 신분이나 형편에 맞는 금융상품을 잘 검토해 선택하면 여러 가지 혜택을 얻을 수 있을 것이다.

저금리 시대에는 적립식 펀드 활용

저금리 시대에는 수익률이 낮은 저축에 한정할 것이 아니라 보다 높은 수익성이 기대되는 펀드투자를 생각해볼 수 있다.

일반적으로 펀드투자는 주가의 등락에 따라 수익률이 변동하므로 저축에 비해 위험한 투자행위이다. 그러나 펀드투자를 적립식으로 장기간 계속한다면 그 위험을 훨씬 낮출 수 있다. 주가지수가 계속 등락을 반복하더라도 내가 투자한 평균 단가는 전체 투자기간의 평균 가격으로 매입한 것과 동일한 효과가 나타나기 때문이다.

특히 투자기간 중에 주가지수가 대폭 하락한 후 다시 상승했다면 적립식 투자의 효과가 매우 크다고 할 수 있다.

예금과 대출의 병행 금지

금융기관에 대출이 있는 사람은 반드시 대출금을 상환한 후에 예금이나 적금에 가입해야 한다. 왜냐하면 대출금리가 예금이나 적금금리보다는 반드시 높으며, 예금이자에 대해서는 소득세(주민세 포함)를 부담해야 하기 때문이다.

저축성 보험보다는 보장성 보험이 유리

　미래의 사고 등에 대비해 소득의 일정 금액 이내 보험에 가입하는 것은 바람직하다. 그러나 지나치게 많은 금액의 보험가입은 금물이며, 보험가입의 경우 저축성 보험보다는 보장성 보험이 상대적으로 유리하다. 특히 자산증식의 목적을 위해서라면 저축성 보험보다는 금융기관의 적금 등을 이용하는 것이 유리하다.

금융기관의 대출자금 활용법

초저금리 시대를 맞이해 금융기관들도 일반기업과 마찬가지로 자금운용에 어려움을 겪고 있다. 따라서 서로 대출금리 인하를 포함하여 다양한 서비스를 제공하면서 대출고객 유치에 노력하고 있다. 외국계 금융기관을 비롯해 주택담보 대출금리 인하, 설정료 면제 등의 조건을 내걸고 시장선점을 위해 치열한 공방을 벌이고 있다.

그러나 거래은행을 선정할 때 단순히 대출금리 수준만 보고 대출을 받을 수는 없다. 여기서는 저금리 제도에서 가장 현명한 대출방법을 생각해보고자 한다.

전체 대출이자를 절감

개인에 따라 여러 은행에 각종 대출을 활용하고 있는 경우에는 은행의 대출금리 부과약관을 살펴보아야 한다. 기존의 대출금리보다 신규 대출금리가 유리한 경우에는 기존 대출금을 상환하고 신규 대출을 활용하는 것이 유리하다.

그러나 이 경우 두 대출의 금리 차이가 기존 대출의 중도상환에 따른 상환수수료(0.5~1.5%)보다는 높아야 효율적일 것이다. 따라서 중도상환 수수료 조건을 면밀히 검토해 대출수수료를 줄이는 것이 필수 요건이라고 하겠다.

신용대출보다는 담보대출을 활용

은행의 입장에서 담보가 제공되는 담보대출이 담보가 제공되지 않는 신용대출보다 금리를 낮게 설정하는 것은 당연한 일이다. 따라서 담보설정이 다소 귀찮다고 이를 회피하고 신용대출을 이용하는 것은 결코 현명한 행동이 아니다. 일반적으로 신용대출보다 아파트 담보대출의 금리가 2~3% 저렴하다.

이는 아파트의 담보가치가 확실하기 때문이라고 할 수 있다. 특히 최근과 같은 저금리 체제에서 은행들은 설정비 면제 등 각종 서비스를 경쟁적으로 제공하고 있으므로 추가비용 없이 저금리의 대출로 바꿀 수 있으므로 이를 적극 활용해야 한다.

대출이자 조건을 사전 검토

일반적으로 대출 당시의 금리수준에만 신경을 쓰고, 그에 따른 부대조건은 신경을 쓰지 않는 경우가 많다. 현재 사용하고 있는 대출조건이 변동금리인지 고정금리인지가 매우 중요하다. 금리가 앞으로 하락이 예상되는 경우에는 변동금리부 대출이 유리하다. 그러나 금리상승이 예상되는 경우에는 고정금리부 대출이 유리할 것이다.

또한 변동금리부 대출이라도 프라임 레이트 연동대출인지, 실세금리부 연동대출인지 확인하는 것이 좋다. 프라임 레이트형은 시중 자금사정에 큰 변동이 없는 한 변동시키지 않지만, 실세금리형은 3개월 CD금리에 연동해 금리를 변경시킨다. 이 경우에도

프라임 레이트

프라임 레이트(prime rate)란 은행이 최우량 기업에 적용하는 최우대 대출금리를 말한다. 프라임 레이트는 은행이 기업 신용도에 따라 차등금리를 적용할 경우 가장 낮은 금리를 말하며, 한 나라의 금리수준의 지표가 된다.

중도상환 수수료 조건을 면밀히 검토해야 한다.

카드 현금서비스보다는 마이너스통장을 활용

 카드 사용이 일반화됨에 따라 대부분의 사람들이 몇 개의 카드를 소지하고 있다. 그리고 현금이 필요할 경우 현금자동지급기를 이용해 현금서비스를 이용하고 있다. 그러나 카드 현금서비스를 이용하기보다는 마이너스 대출을 이용하는 편이 훨씬 유리하다. 왜냐하면 마이너스통장 대출금리가 카드 현금서비스 금리보다 훨씬 낮기 때문이다.

 은행으로부터 일정 금액을 차용하는 경우 카드 현금서비스가 우선 편리하다고 해서 마이너스통장 거래를 회피하는 경우가 있다. 자신의 거래은행에 가서 마이너스통장을 개설해놓고 이를 활용하는 것이 만일의 경우를 대비하기 위해서도 필요하다.

주거래은행제도 활용

 일반 시중은행은 우량고객을 확보하기 위해 주거래고객제도를 운영하면서 다양한 혜택을 부여하고 있다. 이 경우 각종 수수료

뿐만 아니라 대출금리에도 차등금리를 적용하고 있다. 따라서 거래은행을 집중해 각종 공과금이나 아파트 관리비를 이체해 지급하면 대출을 받을 때 우대금리의 혜택을 받을 수 있다.

자금용도에 따라 대출금 활용

자금이 필요해 대출을 받을 때는 그 자금의 용도에 따라 대출의 종류를 선별하는 것이 유리하다. 일시적으로 자금이 필요할 경우 마이너스 대출을 이용하면 이용일수에 따른 이자만 부담하고, 향후 자금이 필요할 때 한도범위 내에서 자금을 다시 이용할 수 있다. 반면 장기간 대출이 필요할 경우는 상대적으로 금리가 낮은 고정금액을 대출하는 것이 유리하다.

경기변동에 적절한 금융상품

　금융상품의 가치는 경기순환에 의한 금리변동 상황에 따라 계속 변동된다. 따라서 투자시점에 따라 투자대상인 금융상품을 적절하게 교체해야 현명한 투자라고 할 수 있다. 예를 들면 경기의 확장기에는 주식가격이 상승하지만 확정수익을 보장하는 채권은 금리상승으로 인해 그 가치가 하락하기 때문이다.
　그러나 경기가 수축기로 접어들 것이 예상되는 경우에는 주식의 가치는 떨어지고 금리하락으로 인해 채권의 가치는 상대적으로 상승하는 것이 일반적이다. 따라서 여유자금을 활용할 때 경기의 순환과정에서 현재의 경기상황을 먼저 파악한 후에 어느 금융상품에 투자할 것인지 결정해야 한다.

채권투자는 경기절정기가 끝날 시점에

확정부 금리상품인 채권의 가치는 금리의 움직임과 반대방향으로 움직인다. 경기가 침체기를 벗어나 회복기에 진입할 때는 시중의 자금수요가 점점 증가해 금리도 상승하므로 채권의 가치는 떨어지기 시작한다. 반면 경기가 활황기를 지나 후퇴기에 진입할 경우에는 시중의 자금수요가 점차 줄어들어 금리는 하락하기 시작하므로 채권의 가치는 상승하기 시작한다. 즉 채권투자의 적기는 경기의 활황기가 끝날 시점이 적절할 것이다.

그러나 정확하게 현재 시점이 경기절정기의 말기인지 알기가 어렵다. 경기(景氣)란 일정한 기간이 지난 후에야 정확한 시점이 확인되기 때문이다. 따라서 적당한 시점이 가까워지면 3~5회 분산해 투자하는 것이 좋다. 그럼 결국 평균 가격으로 매수한 셈이므로 적절한 투자시점을 포착한 것과 마찬가지이다.

주식투자는 경기상승 초기에

경기의 변화에 따라 주식의 가치는 매우 민감하게 움직인다. 경기에 따른 주가의 움직임을 두 가지 측면에서 구분해 생각해 보자. 먼저 기업의 측면에서는 경기가 침체기를 벗어나 회복기에 진입하기 시작하면 기업은 설비투자를 확대하게 되고 이에 따른 제품의 판매량 증가도 예상되므로 주가는 이에 선행해 상승한다.

그리고 투자자의 입장에서 생각해보면 경기회복으로 금리의 상승이 예상되면 채권가격 하락으로 인한 기대수익률이 낮아지므로 자금이 주식시장으로 몰리기 때문에 금융장세로 인해 주가가 상승하게 된다.

그러나 주식은 항상 경기에 3~9개월 선행하는 경향이 있으므로, 경기가 어느 정도 회복 가능성을 보일 때 분산해 매수하는 것이 좋다. 주가가 상당히 상승한 시점에는 신규 투자를 망설이게 되는 것이 일반투자자의 심정일 것이다.

금융장세와 실적장세

- 금융장세 : 경기회복 초기에 증시로 자금이 집중해 주가가 상승하는 현상.
- 실적장세 : 경기상승에 따라서 실적이 양호한 기업의 주가가 상승하는 현상.

부동산은 경기침체기에

부동산은 경기가 침체하고 금리도 바닥에 있을 때가 가장 투자적기이다. 실물자산인 부동산의 경기는 장기적으로 보면 주식과 방향성이 일치하지만 경기에 다소 후행(後行)하는 성향이 있다.

부동산을 이용한 간접투자 상품인 부동산펀드 투자도 기초자산과 방향이 일치한다고 할 수 있다.

경기흐름별 금융상품

경기순환	경기 확장기		경기 수축기	
	회복기(상승)	활황기(정점)	후퇴기(하락)	침체기(저점)
금 리	상 승	횡 보	하 락	횡 보
채 권	하 락	횡 보	상 승	횡 보
주식(선행)	상 승	횡 보	하 락	횡 보
부동산(후행)	상 승	횡 보	하 락	횡 보

금융상품에도 세금혜택을 받자

하루가 다르게 많은 금융상품이 등장하고 있지만 어떤 상품에 어떻게 예금을 해야 할지 모르는 사람들이 많다. 저금리 시대의 지속과 금융시장의 불확실성이 커지면서 보유하고 있는 자금운용에 대한 고민이 커지고 있기 때문이다.

이럴 때 가장 손쉬운 재테크 방법은 세금을 절약하는 세테크이다. 예금금리가 바닥을 치고 있지만 절세상품에 가입하면 안정적인 추가수익이 생긴다.

실제로 명목금리가 높다고 아무 금융상품에나 무작정 가입할 것이 아니라 세후 수익률을 꼼꼼히 따져보는 습관을 길러야 한다. 그렇다면 구체적으로 어떤 금융상품에 자금을 예치해야 할까. 가장 일반적인 것이 장기주택마련저축과 조합예탁금에 가입하라고 권유하고 싶다.

　절세형 금융상품에 가입하는 데에도 순서가 있다. 기본적인 가입순서는 소득공제 → 비과세 → 저율과세 → 세금우대의 순서이다. 소득공제 상품의 경우 300만 원까지 공제되며, 비과세 혜택까지 있는 장기주택마련저축과 240만 원까지 공제되는 연금저축(신탁)은 급여생활자라면 누구나 우선 가입해두어야 할 상품이다. 장기주택마련저축은 한 사람이 여러 개 통장에 가입하는 것이 가능하므로 여러 개 만들어두면 나중에 활용가치가 높다.

비과세 생계형 저축제도 이용

　생계형 저축제도란 특정한 금융상품의 명칭이 아니고 기존의 금융상품에 이자소득세를 부과하지 않는 제도를 의미한다. 생계형 저축은 서민금고뿐만 아니라 시중은행과 증권사, 보험사, 종금사 등 모든 금융기관에서 취급하는 상품이다. 이 제도는 노인(남 60세, 여 55세), 장애인, 국가유공자 및 독립유공자, 소년·소녀 가장, 고엽제 후유증 환자 등에게 전체 금융기관의 예치금 3,000만 원까지 면세혜택을 부여하는 제도이다.

　원래는 60세 이상 노인과 기초생활수급자 등을 대상으로 한 상품이지만, 활용방법은 다양하게 있다. 만일 60세 이상 노부모(여자는 55세)가 있다면 자금을 생계형 저축으로 넣으면 세금이 전혀 부과되지 않는다. 이 경우 정기예금은 물론 적금과 펀드 등도 생계형 저축제도를 활용하면 1인당 3,000만 원까지 이자소득과 배당소득에 대한 비과세 혜택을 누릴 수 있다.

또한 장애인이나 국가유공상이자, 독립유공자와 그 유가족 등도 해당 기관의 증빙서류만 갖추면 가입할 수 있다. 세금우대의 경우 예금기간이 1년 이상의 조건이 있지만 비과세 생계형의 경우 가입기간 조건이 없고 중도 해지시에도 비과세 혜택이 있다.

세금우대저축 이용

지역 단위농협과 수협, 신협 및 새마을금고의 금융상품은 현재 가장 높은 세금혜택을 제공하고 있다. 이들 서민형 금융기관의 대표적 절세상품은 1인당 예탁금 2,000만 원 한도에서 세금우대 혜택을 주고 있으므로 농특세 1.4%만 내면 된다. 시중은행의 일반예금에 가입했을 때 15.4%의 이자소득세(주민세 포함)를 내는 것과 비교하면 14%포인트의 엄청난 차이다. 그리고 4인 가족의 경우 가족 각각의 명의로 가입할 수 있다.

가입기한과 조건 등이 2009년으로 연장됐으므로 하루라도 빨리 가입하는 게 현명하다. 예를 들어 2,000만 원을 연 5% 금리로

1년간 맡겼을 때, 전체 이자 100만 원에 대해 일반예금은 이자의 15.4%인 15만 4,000원이 세금으로 부과되지만 세금우대 저축은 1만 4,000원만 내면 된다. 가만히 앉아서 14만 원의 세금혜택을 얻는 셈이다.

비과세 상품은 아니지만 시중은행의 세금우대종합저축도 대표적인 세금절약 상품이다. 1인당 2,000만 원 한도에서 이자소득에 대해 9.5%의 우대세율이 적용된다. 또한 60세 이상(여성은 55세) 노인과 장애인도 6,000만 원까지 9.5%의 우대세율이 적용된다.

장기주택마련저축 / 펀드

2007년까지 판매될 예정이었으나 2009년까지 연장되고 2008년부터는 이자소득 외에 배당소득에 대해 비과세 혜택이 추가되었다. 장기주택마련저축 가입조건은 만 18세 이상으로 무주택이거나 전용면적 85㎡ 이하의 1주택을 소유하고 있는 세대주(2006년 1월 1일부터는 전용면적 85㎡ 이하의 1주택을 소유한 경우 공시지가 3억 원 이하인 경우만 가입 가능)이다.

꼭 가입해야 할 금융상품

금융기관을 방문하면 상품의 종류가 너무나 많아 '어느 상품에 가입해야 할까' 망설이는 경우가 많다. 꼭 가입해야 할 주요 상품을 소개하니 이 상품은 꼭 가입하자. 주택 관련 저축은 정부의 정책이 하루하루 변덕을 부리고 있어 분양 우선순위 등 구체적인 혜택조건이 계속 변하고 있으므로 그때마다 확인하는 수밖에 없다.

장기 주택마련저축

모든 금융상품 가운데 한국적 정서를 감안하면 가정 먼저 실천에 옮겨야 할 상품이 바로 장기주택마련저축이다. 이 상품은 비과세 상품인 동시에 소득공제도 받을 수 있다.

만 18세 이상의 세대주로서 무주택자이거나 국민주택 규모 이하의 주택으로서 가입 당시 주택의 기준시가가 3억 원 이하인 1주택 소유자를 가입대상으로 하는 상품으로 만기 7년 이상의 비과세 상품이다. 또한 비과세 혜택 이외에도 근로자(세대주)인 경우 연말정산시 매년 적립금액의 40%씩 최고 300만 원까지 소득공제를 받을 수 있다.

단, 가입 후 7년이 경과해야 비과세 혜택을 받을 수 있으며 5년 이상 경과해야 중도해지를 하더라도 이미 받은 소득공제분에 대한 중도해지 추징을 하지 않으므로 무조건 한도액만큼 적립하는 것보다 자금수요에 맞추어 적절히 배분하는 것이 좋다.

가입할 경우 꼭 은행에만 가입할 필요는 없다. 가까운 상호저축은행이나 증권사가 있다면 해당 기관에 가입해도 된다. 상호저축은행은 은행보다 이자가 1% 이상 높고 증권사의 장기주택마련펀드는 주식투자에 따른 고수익을 노릴 수 있기 때문이다.

주택청약통장

청약통장은 내집마련을 원한다면 기본적으로 가입해두어야 한다. 상품 금리는 다른 금융상품과 차이가 없지만 주택청약 자격을 부여한다는 장점이 있기 때문이다. 청약통장은 청약저축, 청약예금, 청약부금으로 나눠지며 1인 1계좌만 가능하다.

청약통장은 가입하고 2년이 지나면 1순위 청약자격이 부여되어 청약을 통해 내집마련이 가능하다. 특히 청약통장 중에 무주택 세대주인 경우에는 청약저축에 가입하면 납입액의 40%까지 소득공제도 받을 수 있어 일석이조의 상품이라 할 수 있다.

연금저축

연금저축은 여러 금융상품 중에서 노후 대비용으로 가입해두면 좋은 상품이다. 연금신탁은 은행에서 가입할 수 있는 대표적인 노후 대비 상품으로 비과세 혜택은 없으나 연말정산 혜택이 있다.

연금신탁은 만 18세 이상이면 누구나 가입이 가능하며 10년 이상 가입한 뒤 만 55세 이상부터 5년 이상 매달 일정액을 연금식으로 받을 수 있다. 분기별로 최고 300만 원까지 가입할 수 있으며, 300만 원 한도 내에서 여러 계좌로 나눠 가입할 수도 있다.

이 상품의 장점은 은행이 납입원금을 보장하며 예금자보호법에 의해 보호되는 상품이기 때문에 안정성이 높고 또한 적립기간 동안 연 최고 300만 원 한도 내에서 적립액의 100%를 소득공제 받을 수 있다. 단, 주의해야 할 사항은 중도해지시에 세금추징을 감수해야 한다는 점이다.

특별 기획상품

이외에도 은행권에서 인기리에 판매되는 상품은 특판상품, 후순위 채권, 복합상품, 퓨전상품 등이 있다.

1) 특판상품

주로 일반 정기예금보다 높은 금리를 제시해 일시적으로 대규모 자금을 끌어들이기 위해 만든 상품으로 한시적으로 판매하며, 가입대상 및 가입금액에 제한을 두어 판매하는 경우가 많다.

그리고 특판 정기예금은 일반 예금상품보다 금리를 더 얹어주는 것을 주 내용으로 하고 있으며 0.2~0.5%포인트까지 보너스 이자를 지급한다. 고객의 입장에서는 특판상품을 잘 이용하면 상대적으로 높은 수익을 올릴 수 있다.

2) 후순위 채권

기업이 부도가 날 경우 선순위 채권자가 우선 변제를 받은 후에 채권 변제를 받을 수 있는 금융상품이다. 매우 위험할 것 같으나 그만큼 수익률이 우수하다. 후순위 채권은 사실 말만 후순위 채권일 뿐 위험요인은 거의 없다고 볼 수 있다.

 후순위 채권 역시 발행기관의 재무안정성은 기본으로 유지되어야 하며, 예금자 보호는 없다. 일단 후순위 채권에 투자하려면 발행정보를 얻어야 하므로 금융기관 직원에게 사전에 부탁해두는 것이 좋다.

3) 복합예금형

 일부는 예금 형태이지만 일반 예금금리보다 금리가 높으며, 나머지는 원금이 보전되는 주가지수 연계상품으로 운용되어 주가 상승 등에 따른 차익을 누릴 수 있어서 저금리에 은행상품으로 재테크를 하고자 하는 고객에게는 매력적인 투자대상이다.

4) 퓨전상품

 예금이면서 보험보장을 해준다거나, 레포츠나 여행상품 할인 등의 부가 서비스가 붙어 있는 상품을 말한다. 즉 다른 조건이 같다면 자신에게 더 유리한 부가혜택이 있는 상품을 선택하는 것이 좋다.

예금자보호제도

IMF 외환위기 이후 많은 금융기관의 부실화로 인한 통폐합 현상으로 금융기관에 대한 국민들의 신뢰도는 땅에 떨어졌다. 따라서 정부는 금융기관의 저축성 예금에 대한 지급을 보장하기 위해 예금자보호법에 의한 예금보험제도를 실시해 국민들의 금융기관 이용에 신뢰도를 부여하고자 노력하고 있다.

예금자보호제도란 무엇인가

예금자보호제도란 예금보험공사가 금융기관으로부터 보험료를 받아 기금을 적립한 후 금융기관이 파산(破産) 등으로 지급불능 상태가 될 경우 금융기관을 대신해 예금주에게 예금금액 등의 지급을 보증하는 제도이다.

  금융기관의 영업정지나 파산 등으로 고객에게 예금을 지급하지 못하는 사태가 발생하면 예금자는 물론 사회 전체의 금융질서 안정성에 큰 영향을 주어 국가경제가 혼란에 빠질 우려가 있다. 따라서 이러한 사태를 미연에 방지하기 위해 설립한 제도가 예금자보호제도이다.

예금보험기금 채권

  예금보험에 가입한 금융기관이 지급정지, 영업 인허가의 취소, 해산 또는 파산 및 다른 금융기관으로 이전 또는 합병으로 인한 자산과 부채의 이전 등으로 고객의 예금을 지급할 수 없게 되는 경우에는 예금보험공사가 해당 금융기관을 대신해 예금을 지급한다.

  그러나 금융기관이 납부한 예금보험금으로 예금을 지급할 재원이 부족할 경우에 재원을 조성해 예금보험공사가 발행하는 채권이 예금보험기금 채권이다.

부보금융기관

예금보험공사에 예금보험료를 납부하는 금융기관을 부보금융기관 또는 예금보험 가입 금융기관이라고 한다. 예금보험에 가입한 곳은 은행, 증권회사, 보험회사, 종합금융회사, 상호저축은행 등 5개 금융권을 비롯해 농·수협중앙회 본·지점과 외국은행도 부보금융기관이다. 농·수협의 단위조합, 신용협동조합, 새마을금고는 부보금융기관이 아니지만 자체적인 보호기금에 의해 예금자를 보호하고 있다.

예금보호 한도

금융기관별 예금의 종류와 관계없이 1인당 원리금 합계가 세전 5,000만 원까지 보장되는 부분보장 제도이다. 따라서 가족간 분산하여 예금하면 보장범위가 더욱 커지며, 예금자 보장한도도 금융기관별로 별도로 적용된다.

즉 거래은행이 여러 은행이거나 가족간 계좌가 별도이면 각 은행별·계좌별로 보장한도가 세전 5,000만 원이다. 그러나 예금의 종류와 관계없이 정부, 지방자치단체, 한국은행, 금융통화위원회 및 부보금융기관의 자체예금에 대해서는 보호되지 않는다.

보호제외 금융상품

투신사의 상품은 은행의 실적배당형 신탁상품과 같이 저축이 아닌 투자상품이므로 예금자 보호대상이 아니다. 그러나 MMF와 같이 단기성 자산에 운용하는 경우에는 원금이 보장되는 것과 동일한 효과를 얻을 수 있다. 또한 투신사의 고객 예탁자산은 수탁은행에서 별도로 관리되므로 투신사 고유자산의 부실과는 별개 문제이다.

채권투자의 경우 보증보험회사의 안정성보다는 발행기업의 안정성을 우선적으로 고려해야 한다. 보증보험회사 자체가 정부의 보호대상에서 제외되었기 때문이다. 따라서 발행기업의 안정성

예금자 보호대상 상품

구분	보호대상 상품	보호제외 상품
은행, 농·수협중앙회	예금, 적금, 부금, 표지어음, 원본보전 신탁	외화예수금, 은행발행 채권, CD, 실적배당 신탁, 농수협 공제상품
증권사	고객예탁금, 증권저축	수익증권, 예수금, 증권사 회사채, 유통금융 대주담보금
보험사	개인보험, 법인 퇴직보험	법인보험, 보증보험증권
종금사	발행어음, 표지어음, 보증어음, 어음관리 계좌	외화차입금, 일반 매출어음(담보부배서 매출어음은 보호)
상호신용은행	예금, 계금, 부금, 적금, 표지어음	무담보 매출어음, 외화차입금, RP, 종금사 발행 채권
신용협동조합	출자금, 예탁금, 적금	공제상품

을 파악하기 위해 무보증 회사채는 신용평가기관의 회사채 신용평가를 받아야 한다.

국내 신용평가기관은 회사채 신용등급을 AAA에서 D까지 총 10등급으로 나누어 발표하고 있으며, BBB 이상이면 투자가능 등급이라 할 수 있다.

상속인 금융거래 조회

상속인 금융거래 조회의 의의

　상속인 금융거래 조회는 부모나 남편 등 피상속인이 갑자기 사망했을 경우 상속인이 피상속인(사망자)의 금융거래 내역을 모두 알 수 없기 때문에 피상속인이 거래(가입)한 은행, 증권, 보험, 카드 등 금융기관의 피상속인 금융거래 사실을 보다 쉽고 빠르게 일괄 조회하고자 도입한 제도이다.

　상속인 등(상속인 외에 후견인 포함)이 피상속인(사망자 외에 심신상실자, 실종자 포함)의 예금, 대출 등 금융거래 사실을 조회·확인하기 위해 상속인 등이 각종 구비서류를 지참, 모든 금융회사를 일일이 방문해 직접 조회신청을 하는 데 따른 시간적·경제적

어려움을 덜어주기 위한 제도이다.

금융통화위원회(금융소비자보호센터)에서는 조회를 원하는 모든 상속인 등에 대해 금융거래 조회 서비스를 1998년 8월 3일부터 실시하고 있다.

제도의 개선내용

과거에는 예금과 대출거래 조회에 한정되었던 것을 현재 제2금융권에서도 개인별로 보증현황 조회 시스템이 갖춰짐에 따라 예금·대출 외에 보증채무도 추가토록 하고, 조회대상도 사망자에서 사망자 외에 심신상실자 및 실종자도 법원의 판결문이나 제적(호적)등본에 의거, 사실관계가 확인되면 조회해주도록 했다.

또한 조회시점도 조회신청 당시의 금융거래 유무뿐만 아니라 피상속인의 사망일 이후(최근 1~3년 이내)에 임의 해지된 계좌도 추가 확인해 통보해주도록 개선했다.

조회대상

피상속인 명의의 예금, 대출, 보증, 증권계좌, 보험계약, 신용카드 및 가계당좌 거래 유무가 조회대상이다.

조회절차

금융감독원 본·지원 및 출장소, 국민은행 각 지점, 삼성생명 고객플라자에서 상속인 등으로부터 조회신청서를 접수해 각 금융협회를 경유해 개별 금융회사에 이송하면 각 금융회사가 피상속인의 금융거래 유무를 조회해 거래계좌가 있는 경우에는 신청인에게 즉시 통보하는 제도이다.

거래계좌가 없는 경우에는 협회에서 일괄 취합해 통보한다. 단, 인터넷으로는 신청이 불가능하다.

조사대상 금융기관

우체국, 새마을금고, 은행, 증권, 생명보험, 손해보험, 종합금융회사, 상호저축은행, 여신전문금융회사(카드, 리스, 할부금융, 캐피털, 신기술금융), 신용협동조합, 산림조합중앙회, 증권예탁결제원 등이다.

처리기간 및 신청서류

개별 금융기관은 신청일로부터 3~15일 걸리지만 전산 사정에 따라 다소 지연될 수도 있다.

피상속인의 제적등본(호적등본) 및 신청인의 신분증이 필요하다. 단, 호적등본에 사망 사실이 기재되지 않은 경우 피상속인 사망시에는 호적등본 및 사망진단서 원본이 필요하며, 실종 또는 심신상실시에는 호적등본 및 법원판결문(실종선고, 금치산선고) 원본이 필요하다.

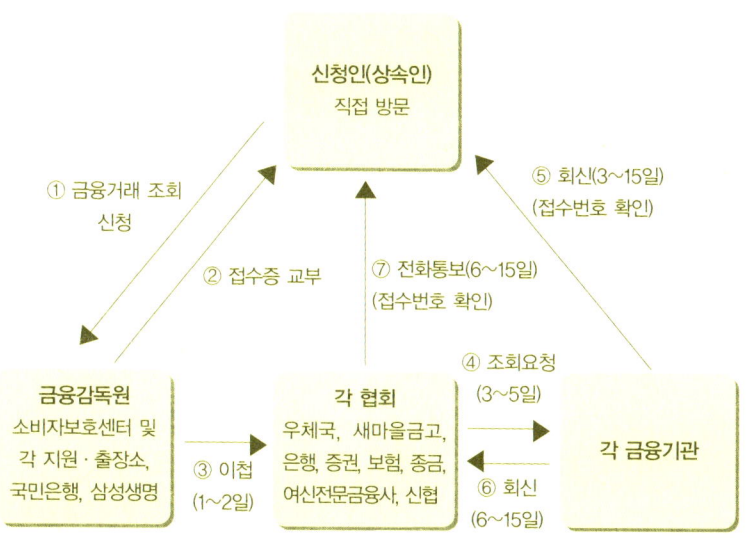

호적등본을 제출할 때 유의사항

피상속인 및 상속인 등 관련인의 주민등록번호가 제적(호적)등본에 정확히 기재되었는지 여부를 확인한다. 단, 대리인이 신청할 때는 상속인 등의 인감도장이 날인되어 있는 위임장 및 위임자(상속인 등)의 인감증명서, 대리인의 신분증이 필요하다.

민법상 상속포기와의 관계

금융감독원의 상속인 금융거래 조회 서비스는 단순히 상속인이 피상속인의 재산을 조회하는 제도로서 재산의 처분행위가 아니므로, 상속인의 확정, 상속승인·포기 등과는 아무런 관련이 없다.

민법 제1019조에 의하면 상속인은 상속개시가 있음을 안 날로부터 3월 내에 단순승인이나 한정승인, 포기를 할 수 있으며, 이에 앞서 상속재산을 조사할 수 있다.

따라서 상속인 금융거래 조회 서비스는 상속인의 상속재산 조사에 도움이 되는 제도이다.

상속포기 또는 한정승인

사망자가 채무초과의 상태에서 사망한 경우에 상속인은 법원에 상속포기나 한정승인을 신고해 채무가 상속되는 것을 피할 수 있다.

그 기간은 상속개시된 사실을 안 날로부터 3개월 이내이지만, 가정법원에 기간의 연장을 신청할 수 있다. 또한 상속채무가 상속재산을 초과하는 사실을 중대한 과실 없이 알지 못한 경우에는 그 사실을 안 날로부터 3개월 내에 한정승인을 할 수 있다.

서브프라임 모기지 사태란 무엇인가

 최근 '서브프라임 모기지(sub-prime mortgage)'란 말이 신문이나 방송에 자주 등장하여 세계경제에 큰 영향을 미칠 것으로 전해지고 있으며, 우리나라 증권시장에서도 대폭락을 초래하기도 하였다. 서브프라임 모기지란 신용상태가 낮은 주택 구입자에 대한 대출을 의미한다.
 여기에서 서브(sub)란 신용등급이 낮다는 의미이며, 프라임 레이트(prime rate)란 신용도가 높은 사람에게 빌려주는 이자율을 의미한다.
 이 말을 이해하기 위해 미국 일반서민들의 주택매입 관행을 알아보기로 하자.

미국의 주택매입 관행

미국의 일반시민들은 가정생활에 필요한 자동차와 같은 고가의 상품을 구입할 경우 현금을 직접 납부하고 구입하는 것이 아니라, 상품을 먼저 받고 매달 일정 금액을 할부로 판매회사나 금융기관에 납부하고 있다.

그 중에서 가정생활에서 가장 고가의 재산이라고 할 수 있는 주택을 이러한 형식으로 구입하는 경우를 생각해보자. 즉 주택을 구입한 자가 장기간 원금의 일부와 이자를 매달 모기지(mortgage) 회사에 납부하는 장기 모기지 프로그램을 이용하고 있다.

모기지 대출과 주택담보 대출의 차이

모기지 대출이 일반화되기 전에 주택 구매자들은 주택담보 대출을 이용해왔다. 그러나 새롭게 등장한 모기지 대출은 기존의 주택담보 대출과 다음과 같은 차이가 있다.

첫째, 주택담보 대출은 대출만기 이전에 이자만 지불하고 만기 시점에 원금의 상환이 이루어지는 데 반해, 모기지 대출은 일정한 원금과 이자를 동시에 만기까지 상환하는 형식이다.

둘째, 주택담보 대출은 만기가 3~5년의 단기간이지만 모기지 대출은 만기가 10~30년으로 장기 상환하는 것이 일반적이다.

셋째, 주택담보 대출은 고정금리가 일반적이고 모기지 대출은 변동금리가 일반적이다. 따라서 모기지 대출은 주택 구입자들의 일시적인 부담을 장기적으로 분산시킨 유용한 제도라고 할 수 있다.

MBS(주택저당증권)의 부실화

앞에서 본 바와 같이 주택 구입자들이 모기지 회사를 통해 주택구입 자금을 대출받을 경우, 모기지 회사는 대출자금을 어떻게 조달하는지 생각해보자.

모기지 회사가 주택 구입자들에게 주택구입 자금을 장기로 대출할 경우 매달 일정 금액의 원금과 이자를 받을 수 있는 권리가 발생하게 된다. 모기지 회사는 대출자로부터 돈을 받을 권리 일체를 유동화전문회사(SPC)에 넘기고, 유동화전문회사는 이 권리를 담보로 하여 주식이나 채권(주택저당증권, MBS)을 발행해 금융기관 등의 기관투자가에게 판매하여 자금을 조달한다.

그런데 이번 서브프라임 사태의 경우 신용도가 상대적으로 가장 낮은 주택 구입자들이 매달 납부해야 하는 원금과 이자를 납부하지 못하는 사태가 발생함에 따라 이를 담보로 하여 발행한

MBS가 불량증권이 되어버린 것이다.

이에 놀란 기관투자가들이 MBS를 급히 처분하는 과정에서 가격이 폭락하게 된 것이다. 또한 이를 펀드에 편입한 투자회사들에 대해 일반투자자들의 환매요구가 일시에 밀어닥쳐 펀드를 운용하는 투자회사가 이에 응할 수 없는 사태가 발생하였다.

서브프라임 모기지 사태의 문제점

미국의 모기지 대출상품은 대출을 받는 사람의 신용도에 따라 프라임(prime), 알트에이(alt-A), 서브프라임(subprime)으로 구분한다. 이 중 신용도가 가장 낮은 서브프라임도 별도의 까다로운 절차 없이 대출이 되기 때문에 저소득 서민층이 대거 이용하여 전체 대출금액의 20% 이상을 차지하게 되었다.

따라서 경제가 어려워지면 부실화 가능성이 더욱 커지게 된 것이다. 또한 이들 서브프라임은 주로 변동금리로 제공되었기 때문에 금리가 상승하면 이들에게 큰 부담을 주게 된다.

그런데 미국 정부는 인플레이션과 주택경기 과열을 우려하여 지난 2004년 6월부터 기준금리를 17차례나 인상하였다. 따라서 모기지 대출의 금리도 기준금리에 따라 오르자 상대적으로 신용도가 낮은 저소득층인 서브프라임 대출자들의 이자연체 현상이 발생하고, 동시에 불어닥친 주택경기 하락으로 인해 이들의 연체율은 더욱 높아져서 이번 사태가 발발하게 된 것이다. 모기지 회사들은 직격탄을 맞아 파산하였으며, 이러한 현상이 전 세계 금융시장을 강타하였다.

서브프라임 사태의 후폭풍

2007년 8월 중순 BNP파리바의 펀드환매 동결 사태까지 초래한 국제 금융시장의 불안감은 잠시 주춤하였으나, 9월 6일에는 유럽은행(ECB) 등의 금리동결과 긴급자금 수혈 조치를 이끌어냈다.

우리나라의 경우 아직 그 영향은 미미하다는 분석이 우세하지만 누구도 안전하다고 장담하지 못하는 실정이다. 전문가들은 "서브프라임 모기지론의 부실은 지진이며 진정한 위험, 쓰나미가 다가올 수도 있다"고 우려하고 있다.

사실 미국의 서브프라임 모기지 대출의 부실규모는 그렇게 크지 않다. 최근 관련 분석에 따르면 서브프라임 모기지론은 크게 두 차례에 걸쳐 유동화되었으며, 1차 유동화의 부실규모는 2,561억 달러, 2차 유동화의 부실규모는 756억 달러로 추산됐다. 이 같은 부실규모는 미국 전체 채권잔액 대비 각각 1.1%, 0.3%에 불과한 수치인데 왜 불안해하는 것일까?

중요한 문제는 이로 인한 신용경색이 지속되면 MBS와 유사한 자산 형태인 부채담보부증권(대출, 채권 등 다수의 기초자산을 담보로 발행되는 증권, CDO) 부실이 이어져 보증을 선 금융사들의 연쇄 도산으로 이어질 가능성이 크기 때문이다. CDO 보증시장의 규모는 미국의 경우 1조 9,000억 달러이며, 국제적인 보증시장 규모는 28조 8,000억 달러에 달한다.

과거 우리나라의 신용카드 사태

우리나라의 경우 2003년 자산유동화증권(ABS) 위기를 생각해보자. 당시 국내 신용카드사는 고객들에게 준 신용대출 채권을 토대로 ABS를 발행해 신규 대출자금을 마련하여 대출을 했는데, 갑자기 대출이 연체되면서 ABS 부실화가 진행됐다.

갑작스러운 부실에 ABS 발행사는 물론이고, 이를 보증하고 판매했던 증권사들 역시 고객들의 환매요청에 도산위기에 처하게 되었다. 이때 우리 금융당국은 10조 원의 긴급자금을 수혈해 부실화한 ABS를 대신 사주는 것으로 증권사 도산위기를 막았다.

최근 미국이나 유럽 은행 등의 긴급자금 수혈은 과거 우리 금융당국의 조치와 유사한 것이다. 현재 각국의 긴급조치로 금융시장이 안정을 보이고 있지만 아직 진정한 금융위기가 사라진 것은 아니어서 국제 금융시장의 움직임을 면밀히 주시할 필요가 있다.

위기에는 항상 기회가 숨어 있다

이러한 국제 금융시장의 위기 한가운데서도 미국 투자계의 큰손들은 일반인의 예상과는 정반대로 큰 이익을 얻기 위해 노력하고 있다. 가치투자의 최고수인 워렌 버핏뿐만 아니라 M&A로 유명한 전문 투자가인 윌버 로스(Wilbur L. Ross)는 "이번 금융위기로 투자기회가 열렸다. 특히 서브프라임 기업에 투자하면 큰 소득을 얻을 수 있을 것이다"라고 말하고 있다.

이에 합창이라도 하는 듯 미국의 2위 은행인 BOA 회장 케네스 루이스(Kenneth Lewis)는 서브프라임 사태가 한창인 지난 8월 20일 주가가 반토막 나서 파산위기에 처한 미국 최대의 모기지 회사인 컨트리와이드(Conturywide) 우선주에 20억 달러를 투자하고 향후 16%의 지분을 갖는다고 발표하여 미국 시장을 놀라게 했다.

기회는 항상 위험 뒤에 숨어 있다는 사실을 새삼 느끼게 하는 큰손들의 행위에 놀랄 뿐이다.

현금영수증제도는 어떤 점이 유리한가

현금영수증제도란 무엇인가

 현금영수증제도란 소비자가 물건 등을 구입할 경우 현금과 함께 카드(적립식 카드, 신용카드 등), 휴대폰 번호 등을 제시하면 가맹점은 현금영수증 발급장치를 통해 현금영수증을 발급하고, 건별 내역은 국세청에 통보되며, 연말정산시 소득공제가 되는 제도이다.

 현금영수증 발급대상은 건별 5,000원 이상 현금결제의 경우이며, 우리나라는 조세특례제한법(제126조)에 의거, 2005년 1월 1일부터 시행하고 있다.

사용 가능 카드

현금영수증 발급을 위하여 소비자는 현금과 함께 현재 보유하고 있는 카드를 그대로 사용할 수 있다. 다만 카드번호의 중복을 방지하기 위해 카드번호가 13개 이상 18개 이하의 숫자로 구성된 카드로 제한하였다.

현금결제 흐름과정

- 소비자는 현금영수증 가맹점에서 물건을 구매하고 현금영수증을 발급받는다.
- 현금영수증 가맹점은 현금영수증 사업자에게 거래내역을 실시간 통보하고 발행승인을 얻는다.
- 현금영수증 사업자는 1일 1회 이상 거래내역을 국세청에 통보한다.
- 소비자는 연말정산시 거래내역을 집계하여 소득공제 신청을 할 수 있다.

현금영수증제도 이용시 세제혜택

1) 가맹점

- 매출액이 전년도보다 130% 초과한 가맹점은 증가된 수입금액에 대하여 소득세, 부가가치세, 법인세를 감면하고, 간편장부 대상자는 기장 세액공제율을 20% 적용한다.
- 사업자가 영수증을 발급하는 경우에는 발행금액의 1%에 해당하는 금액을 연간 50만 원 내에서 부가가치세 세액공제를 한다.

2) 근로소득자

일반 근로소득자 및 부양가족은 총급여액의 15%를 초과하는 현금영수증 사용금액의 15%를 500만 원 한도 내에서 연말정산시 소득공제를 할 수 있으며, 현금영수증 복권에 의해 보상금도 지급된다.

3) 사업자

- 사업자가 발급받은 현금영수증은 소득세법 및 법인세법에 의해 필요경비로 인정된다.
- 사업과 관련하여 현금(지출증빙)이 기재된 현금영수증을 발급받은 경우 부가가치세 매입세액 공제를 받을 수 있다.

4) 미성년자
- 주니어 복권제도에 의한 경품 지급.
- 부모의 소득공제 증가.

현금영수증 발급방법

- 모든 신용카드로 확인 가능.
- 주민등록번호나 휴대폰 번호로 확인 가능.
- 모니터 칩으로 사용 가능.

국세청 현금영수증 인터넷 홈페이지 가입방법

- 국세청 홈페이지를 방문한다.
- 회원가입 메뉴를 선택, 이용자 구분에서 사업자(소비자)를 선택하고, 약관에 동의한다.
- 사업자등록번호(주민등록번호), ID, 패스워드(password)를 기입한다.
- 신용카드 번호 등을 입력한다.

현금영수증 관련 용어

1) 현금영수증 가맹점

사업장에 설치된 현금영수증 발급장치에 의해 소비자의 현금 결제내역(사업자의 현금매출 내역)이 국세청으로 통보되는 사업자 (현금영수증 가맹점 스티커 부착 업체)를 말한다.

2) 현금영수증 사업자

현금영수증 발급장치를 설치하고 현금영수증에 승인번호를 부여하며, 현금영수증 가맹점으로부터 현금결제 내역을 수집하여 국세청으로 통보하는 사업자를 말한다.

3) 현금영수증 발급장치

현금영수증 발급장치는 현금거래와 신용거래를 구분하기 위하여 신용카드 단말기에 추가적으로 설치되는 장치를 말한다.

2장
환율과 경제생활

환율이란 무엇인가

환율의 개념

환율(foreign exchange rate)이란 두 나라 화폐간의 교환비율로서 한 나라의 화폐단위로 표시한 외환의 가격을 말한다. 예를 들어 달러화에 대한 원화의 환율이 900원이라면 원화 900원으로 미화 1달러를 바꿀 수 있다는 의미로, 원화로 표시된 1달러의 가격을 말한다.

환율은 자국 통화의 입장에서는 대외적인 상대가치를 나타내고, 외국 통화의 입장에서는 외국 통화의 상대적인 국내 가치를 나타낸다.

환율의 상승과 하락

1) 환율상승

환율이 오른다는 말은 자국 화폐(원화)로 표시된 외국 화폐(달러화)의 가격이 상승하는 것, 즉 자국 화폐의 가치가 상대적으로 하락하는 것을 말하며, 이는 자국 화폐(원화)의 평가절하 현상이라고 한다.

예를 들면 대미 환율이 1달러에 900원에서 950원으로 오르는 것을 말하며, 1달러를 얻기 위해서 900원을 지불하던 것을 950원을 지불해야 한다는 말이다.

2) 환율하락

환율이 하락한다는 말은 자국 화폐(원화)로 표시된 외국 화폐(달러화)의 가격이 하락하는 현상으로, 자국 화폐의 가치가 상대적으로 상승하는 것을 말하며, 이를 자국 화폐(원화)의 평가절상 현상이라고 한다.

예를 들면 대미 환율이 1달러에 900원에서 850원으로 내리는 현상을 말하며, 1달러를 얻기 위해서 900원을 지불하던 것을 850원을 지불해도 되는 현상이다.

평가절상과 평가절하

환율은 양국 통화간의 교환비율을 나타내는 것으로, 자국 화폐의 가치가 외국 화폐의 가치보다 높아지면 자국 화폐(원화)의 평가절상(appreciation)이라고 하고, 외국 화폐(달러화)의 가치는 평가절하(depreciation)되었다고 한다. 예를 들어 환율이 U$1=₩950에서 U$1=₩900으로 변환했다면 원화 평가절상, 달러화 평가절하라고 할 수 있다.

햄버거 가격으로 환율을 안다?

빅맥지수

빅맥(Big Mac)이란 미국의 햄버거 메이커인 맥도날드의 빅맥 햄버거를 말한다. 크기, 재료, 품질 면에서 표준화된 제품으로 전 세계 120여 개국에서 판매되고 있고, 전 세계 인구의 1%가 매일 이것을 먹고 있다.

빅맥 환율(Big Mac Exchange Rate)이란 영국의 경제 주간지인 〈이코노미스트(The Economist)〉지가 세계 각국의 빅맥가격을 기준으로 해 각국 화폐의 실질구매력 비교를 통해 계산해 1986년부터 정기적으로 발표하고 있는 지수이다.

이 지수로 각국 환율의 적정성을 측정해 각국의 통화가 저평가됐는지 또는 고평가됐는지 알 수 있다.

환율의 계산

예를 들어 미국 주요 도시 빅맥가격의 평균을 3.0달러라고 하자. 그럼 우리나라 빅맥가격의 평균인 3,000원을 미국 달러화로 환산하면, 이를 시장환율 950원으로 나누어 3.16달러가 된다. 양국의 가격을 비교해보면 우리나라 빅맥가격이 미국 빅맥가격보다 0.16달러, 즉 5.3% 비싸다는 걸 알 수 있다. 이는 우리나라 원화가 5.3% 고평가됐다는 것을 의미한다.

배경이론

빅맥지수의 기본 이론에는 환율결정 이론 중 하나인 구매력평가설이 깔려 있다. 동일한 제품은 전 세계 어디를 가더라도 동일한 가격을 가져야 한다는 일물일가 원칙이 그것이다. 이와 같이 빅맥지수는 빅맥이라는 햄버거를 이용해 세계 주요 국가 환율의 적정성을 평가해주고 있다는 점에서 의미 있는 지표이다.

실제로 빅맥지수는 외환위기 이전에 우리나라 원화가 고평가됐음을 알려주기도 했다. 1997년 4월, 우리나라의 시장환율은 달러당 894원이었고, 빅맥지수에 의한 적정 환율은 950원이었다. 이후 원화 환율은 외환위기로 달러당 2,000원까지 올라가면서 일시에 고평가가 해소된 적도 있다.

빅맥지수의 활용

빅맥지수를 잘만 활용한다면 기업경영에 유익한 정보가 될 수 있다.

첫째, 주요 국가의 환율이 적정한지 여부를 판단할 때 좋은 참고지표로 이용할 수 있다. 특정 국가에 투자하거나 수출을 할 때 그 나라의 통화가 고평가됐는지, 저평가됐는지 여부를 이 지수를 통해 판단해볼 수 있다.

둘째, 빅맥지수는 많은 국가의 생계비나 구매력 수준을 비교 측정하는 데 도움이 된다. 빅맥지수를 이용해 산출한 구매력 평가환율을 기준으로 국민소득을 비교할 경우, 시장환율이 주는 혼란에서 벗어나 좀더 실질적인 측면에서 소득격차를 비교할 수 있다.

예를 들어 중국의 시장잠재력을 평가할 때 시장환율에 기초해 중국의 국민소득을 계산하는 것보다, 구매력 평가환율에 기초해 계산하는 것이 더욱 현실을 잘 반영한다고 할 수 있을 것이다.
한편 최근에는 빅맥지수 이외에, 스타벅스의 대표상품인 카페라테를 가지고 주요 국가의 적정 환율을 비교 평가한 '카페라테지수', 오리온제과의 '초코파이지수' 도 발표되고 있다.

초코파이지수

국내 오리온제과는 최근 세계 주요 국가 11개국에서 판매되는 초코파이 가격(12개들이 한 상자)을 미국 달러로 환산한 '초코파이지수'를 발표했다. 빅맥과 마찬가지로 초코파이도 세계적으로 품질과 크기, 재료 등이 표준화되어 있다는 점에서 이 지수로 각국의 물가수준을 가늠할 수 있다고 오리온측은 말한다.

초코파이지수에 따르면 소비자가격이 가장 높은 국가는 뉴질랜드(3.34달러)였고, 가격이 상대적으로 낮은 국가는 중국(1.39달러), 미국(1.99달러) 순이며, 한국은 1.99달러로 나타났다.

초코파이지수는 빅맥지수와 비교해 아직 진출 국가나 판매규모 면에서 뒤지고 있지만 국내 제품의 세계화에 대한 자신감으로 볼 수 있다.

외환시장에서 하는 일

외환시장이란 무엇인가

외환(foreign exchange)이란 외국 화폐로 표시된 모든 채권·채무를 결제하는 수단을 말한다. 외환시장은 외환의 수요자와 공급자 간에 외환거래가 지속적으로 이루어지는 제반 양태, 즉 기구, 기능, 거래내용 등을 말한다.

외환시장에서 하는 일

외환시장의 기능은 기본적으로 다음과 같다.

- 국가간의 거래를 수행하는 데 필요한 환율을 결정한다.
- 외환위험을 관리할 수 있는 수단을 제공한다.
- 국제 금융기능을 담당한다.

외환시장은 주가지수 선물이나 금리 선물이 조직화된 거래소 시장에서 거래되는 데 비해 장외 딜러시장에 속하며, 세계 각지에서 전화나 컴퓨터 망을 통해 은행간 또는 대고객간의 거래를 담당하고 있다. 특히 은행간 거래가 전체의 90% 이상을 차지하고 있으며, 거래의 대부분은 달러나 유로를 비롯한 7개국 통화로 이루어진다.

외환거래의 유형

- 현물환 거래 : 매매계약 체결 후 통상 2영업일 이내에 외환을 수도 결제하는 거래.
- 선물환 거래 : 매매계약 체결 후 일정 기간(2영업일)이 경과한 미래의 특정일에 외환을 수도 결제하는 거래.
- 외환 스왑거래 : 현물환 매입과 동시에 선물환을 매도하는 등 결제일이 서로 다른 매매계약을 반대방향으로 동시에 체결하는 거래.

외환시장의 특징

- 외환거래는 주로 은행간 시장으로 전화나 텔렉스를 통해 장외거래로 이루어진다.
- 현물통화의 인·수도가 없이 은행 계정간의 전산이체를 통해 이루어진다.
- 장외시장에서 주로 거래되며, 결제기능을 수행하는 어음교환소가 없다.
- 외환시장은 직접 거래가 아닌 브로커를 통한 거래가 대부분이다.

외환시장의 참가자

외환시장에는 일반고객, 외국환은행, 외환중개인, 각국의 중앙은행이 참가해 지속적인 활동을 하고 있다.

- 일반고객으로는 개인과 기업이 있다.
- 외국환은행은 외환거래 주체들의 거래 상대방 역할을 수행하며, 자신을 위해 외환거래를 해 외환 포지션을 조정하기도 한다.

- 외환중개인은 규모가 큰 일반고객과 은행의 거래, 은행간 거래를 중개하는 자로 중개행위에 대해 중개수수료를 받는다.
- 각국의 중앙은행은 필요한 경우 외환시장에 개입해 자국의 통화 신용정책을 수행하고 외환시장의 질서를 유지하는 역할을 수행한다.

환율은 왜 변하는가

　외환의 수요와 공급은 모든 대외거래의 결과로 나타난다. 이 중 외환의 수요는 재화(상품)와 용역(서비스)의 수입, 이전지급 등 경상지출과 장단기 자본지출에 의해 결정된다. 반면 외환의 공급은 재화와 용역의 수출, 이전수입 등 경상수입과 장단기 자본수입에 의해 결정된다.

대외적 환율 변동요인

1) 이자율

　이자율의 상승은 단기 자금에 대한 수요를 증가시켜 단기적으로 해당 통화의 즉각적인 강세요인이 되며, 단기적으로도 영향력이 가장 큰 요인이다. 우리나라 국내 금리가 올라가면 외국 자본이 금리가 높은 국내 시장에 들어오게 되며, 이 과정에서 원화의 가치는 상대적으로 올라간다.

2) 통화량

GDP(국내총생산액) 성장률에 비해 통화량의 증가율이 상대적으로 높을 때 인플레이션을 유발시켜 해당 통화의 약세요인이 된다. 직접적으로는 통화량의 증가는 해당 통화표시 자산의 공급이 늘어나는 것이므로, 주어진 자산수요 아래에서 해당 통화의 가격을 하락시키는 요인이 된다.

3) 인플레이션(소비자물가상승률)

구매력평가설에 의하면 높은 인플레이션율은 해당 통화를 약화시키는 요인이 된다. 그러나 급격한 인플레이션율의 상승은 중앙은행의 금리인상 가능성으로 인해 단기적으로 통화강세를 초래할 수도 있다.

4) 국제수지

국제수지, 특히 경상수지가 적자일 경우에는 해당 통화가 약세를 보이게 된다. 그러나 국제수지 적자폭 이상으로 자본유입이 큰 경우에는 환율변동에 미치는 영향을 예측하기 어렵다.

5) 경제성장률

실질 경제성장률이 높아지면 그 나라의 통화는 강세를 보인다.

6) 실업률

실업률이 높아지면 금융완화 정책을 추진하여 통화 약세요인이 된다.

7) 중앙은행 정책

중앙은행이 경기를 낙관하거나 과열상태로 인식하면 통화 긴축정책이 출현하여 통화 강세요인이 되며, 다른 거시경제 변수가 악화되더라도 외환시장에 대한 안정 의지가 강하면 환율변동은 일정 수준에서 멈추게 된다.

8) 국제정치 정세

국제정치 정세가 불안할 경우 안정된 통화를 보유하려는 성향이 강하므로 달러화가 강세를 보인다.

9) 국제유가

국제유가가 불안해지면 유류 수입의존도가 높은 나라의 통화 가치는 약세를 나타낸다.

대내적 환율 변동요인

1) 기업의 외환수급 사정

월초에는 원유 수입대금 결제가 집중되므로 달러가치가 상승하고, 월말에는 수출대금의 유입으로 달러가치가 하락하는 경향이 있다.

2) 원화 자금사정

원화 자금수요가 많을 때는 달러매각, 원화매수 성향으로 달러가치가 하락한다. 반대로 원화수요가 줄어들 때는 달러가치가 상승한다.

3) 엔·달러 환율

엔화가 약화되면 우리 상품의 수출경쟁력이 떨어지므로 원화의 약세요인이 된다.

4) 증시상황

증시가 활황일 때는 달러의 국내 유입이 늘어나므로 달러약세(원화강세)가 되며, 불황일 때는 외국인 매도세가 늘어나서 외국 자금이 빠져나가므로 달러강세(원화약세)가 된다.

5) 외국환은행 현물환 포지션

외국환은행의 현물환 포지션이 매수 포지션일 때 달러하락 현상이 나타나고, 매도 포지션일 때는 달러상승 요인이 된다.

외환위험을 주의

해외에 자금을 예치하는 개인이나 기업은 환율의 변동에 특별한 주의를 해야 한다. 자금을 예치한 후 환율이 하락한 경우 하락률만큼 투자원금의 손실이 발생한다.

만약 환율하락률이 예금금리보다 클 경우에는 원금의 손실도 감수해야 한다. 반면에 환율이 상승한 경우에는 환율상승분만큼 추가수익을 얻을 수도 있다.

따라서 자금 예치기간 동안 환율이 상승할 것인지, 하락할 것인지를 충분히 검토한 후에 자금예치 여부를 결정하는 것이 현명한 투자자의 자세라 하겠다.

엔캐리 트레이딩

국내 증시의 지속적인 강세와 수출호조에 따른 원화강세, 달러에 대한 엔화의 약세로 인해 원·엔 환율이 2007년 10월 현재 100엔당 780원대로 최근 10년 만에 최저치를 나타내고 있어 향후 향방에 관심이 집중되고 있다. 원·엔 환율은 올 3월 초 엔캐리 트레이드 청산 여파로 820원대까지 오른 뒤 하락세로 돌아서 4개월 새 80원 이상 급락했다.

이에 대해 외환시장 관계자는 '엔캐리 트레이딩' 자금유입에 따른 엔화약세와 국내 주식시장 수급에 따른 역외세력의 매도세로 인한 달러 대비 원화강세가 원·엔 환율하락을 주도한 것으로 분석하고 있다.

엔캐리 트레이딩이란 무엇인가

요즘 신문이나 TV 등에서 '엔캐리 트레이딩(Yen Carry Trading)'이라는 말을 자주 듣는다. '엔캐리 트레이딩'이란 일본에서 엔화를 빌려서 다른 나라의 여러 자산에 투자하는 투자전략을 말한다.

그럼 왜 일본에서 엔화자금을 빌리는가? 그 이유는 일본 엔화의 금리가 낮고, 이런 상태가 계속 지속될 것으로 보고 있기 때문이다. 실제 일본의 중앙은행인 일본은행은 1995년부터 정책금리를 거의 제로(0%) 수준으로 유지해왔고, 일본 엔화의 대외가치가 올라가지 않도록 정책을 유지해왔다.

엔캐리 트레이딩은 어떻게 운용되나

그럼 다른 나라가 일본에서 빌린 엔화자금을 어디에, 그리고 어떻게 운용하는 것일까? 가장 간단하게 생각할 수 있는 것은 일본의 금리보다 투자수익률이 높으면서 안정된 나라의 상품, 예를 들면 미국의 국채를 생각할 수 있다.

미국 정부가 발행하는 채권의 안정성과 5%라는 높은 금리에 매력이 있기 때문이다. 미국과 일본 두 나라의 환율이 안정되어 있다면, 두 나라 국채의 금리 차이만큼 안정되고 높은 투자수익을 얻을 수 있다.

그러나 이러한 현상이 지속되어 미국 달러의 대외가치가 불안하거나 너무 많은 돈이 미국 국채시장으로 계속 몰려 미국 국채의 투자수익률이 낮아지면 이 투자자금은 더 높은 수익을 찾아서 다른 나라로 이동하게 될 것이다. 약간의 위험성은 있지만 국제 원자재(원유) 시장에 투자할 수도 있으며, 한국의 주식시장에 들어오기도 한다.

또 다른 대상으로는 최근에 경제성장률이 높은 나라(인도 등)나 값이 계속 올라가는 원자재의 주 공급국인 남아프리카공화국 주식에 투자할 수도 있다.

이와 같이 엔화로 일본에서 조달한 자금은 전 세계의 금융자산이나 실물자산에서 돈을 벌기 위해 이동을 계속하고 있다.

엔캐리 트레이딩의 영향

그러면 이와 같이 계속적으로 이동하는 자금을 받아들이는 나라의 입장에서 생각해보기로 하자. 외국으로부터 새로운 자금이 들어오면 그 나라의 자산가격이 올라가므로 처음에는 좋은 현상으로 생각된다. 그러나 이렇게 몰려왔던 자금이 국내외 제반 사정으로 인해 다른 나라로 빠져나갈 때가 문제이다.

이렇게 국제적으로 이동하는 투자자금은 조금이라도 위험을 느끼면 즉시 썰물같이 빠져나가버린다. 이 경우는 전염성이 있어서 매우 빠른 속도로 가속도가 붙는다. 이와 같이 해외 자금이 유출되기 시작하면 국내 자금도 덩달아서 해외로 빠져나가는 습성이 있다.

이것을 막지 못하면 1997년부터 한국이 겪었던 것과 같은 외환위기가 오게 되는 것이다. 이러한 외환위기는 그 나라 경제를 심각한 장기 불황으로 몰고 갈 것이다.

원·엔 환율 전망

계속되는 원·엔 환율의 하락요인을 알아보기 위해서는 미국과 한국, 일본의 요인을 종합적으로 점검해봐야 한다. 우선 미국측 요인으로는 막대한 무역적자로 달러화가 약세를 보이는 상황에서 우리는 수출호조와 주가상승 등으로 달러가 많이 들어와 원·달러 환율이 하락하고 있다.

그리고 일본은 경기회복에도 불구하고 금리인상이 지연되고 있는 데다 일본 정부가 성장우선 정책의 일환으로 엔화약세를 유도하고 있기 때문에 엔·달러 환율은 올라가고 있다. 결국 원·

달러 환율은 내리고, 달러·엔 환율 또한 내림에 따라 이를 곱한 원·엔 환율이 계속 떨어지고 있는 셈이다.

 따라서 원·엔 환율의 하락세는 당분간 지속될 가능성이 높아 보인다. 미국의 무역적자가 워낙 큰 데다 국내 외환시장에서 달러공급의 우위 현상은 쉽게 해소되기 어려워 보이기 때문이다. 또 엔캐리 트레이딩이 여전히 성행하고 있고 미국은 묵시적으로 엔화약세를 용인하고 있기 때문이다.

$$\frac{원}{달러} \times \frac{달러}{엔} = \frac{원}{엔}$$

중국의 위안화가 평가절상되면

최근 중국을 여행하면 중국 내 공항면세점에서 물건을 사기 위해 카드로 결제할 경우 종업원들은 달러로 결제하기보다는 중국의 화폐인 위안화로 결제할 것을 요구하곤 한다. 그 이유는 달러가치보다 위안화의 가치가 더 오를 것으로 예상하기 때문일 것이다. 그러면 위안화의 가치가 오르면 국가경제에 어떤 영향을 미치는 것일까?

일반적으로 자국 화폐의 가치가 오르는 현상을 자국 화폐의 평가절상(환율하락)이라 하고, 자국 화폐의 가치가 평가절상되면 자국 수출제품의 가격경쟁력은 떨어져 무역수지가 악화되는 반면, 수입제품의 가격하락 효과로 인해 내수경기가 진작될 수 있다.

중국 위안화의 경우 평가절상의 폭에 따라서 그 영향이 달라질 것으로 보인다. 위안화의 상승폭이 중국 경제가 감내할 수 있는 소폭이라면 중국 제품의 가격경쟁력은 다소 떨어지겠으나 생산성 증대 등을 통해 만회할 수 있을 것이다. 그러나 평가절상의 폭이 크다면 수출경쟁력 상실로 인한 경기침체로 실업과 부실채권 문제가 불거져 경제성장 둔화와 은행 부실로 이어질 수 있다.

이외에 위안화 평가절상을 노리고 부동산 등에 투자했던 핫머니들이 차익실현을 위해 대량으로 매물을 내놓을 경우 중국 내 부동산 거품붕괴를 가져와 경제에 악영향을 끼칠 수도 있다. 그러나 중국 당국도 이러한 사실을 알기 때문에 적정한 수준에서 위안화의 절상폭을 조절할 것으로 예상된다.

중국 투자를 계속할 것인가

중국 시장에 투자할 경우 추가적인 금리 안정화 조치의 실행 여부 및 강도, 위안화 환율의 방향성, 경기확장 속도, 금융시장의 동향 등에 주의를 기울여야 한다. 그러나 이러한 정책이 경제에 급격한 효과를 미칠 정도는 아니므로 경기 방향성에 미치는 영향은 제한적일 것으로 예상된다.

중국 정부는 빈부격차 해소, 지역격차 해소, 실업문제 해결을 위해 높은 성장률을 유지해야 하는 정책적 필요성이 있으며, 베

이징 올림픽 등을 위한 대규모 SOC투자 등 중국 자체적으로 높은 투자수요가 존재하고 있다.

금리인상과 위안화 평가절상이 동시에 진행되나

　금리인상이 위안화 평가절상의 요인이 되지만 그 속도는 빠르지 않을 것으로 전망하고 있다. 그 이유는 급격한 평가절상의 폐해를 중국 정부도 잘 알고 있기 때문이다.
　과거 중국은 금리인상과 위안화 절상을 동시에 진행한 경우가 없다. 2004년의 경우에도 금리인상 후 일정 기간을 두고 위안화 평가절상을 했듯이 금리인상을 함으로써 위안화 평가절상의 시기를 뒤로 미루는 기회로 활용할 가능성이 높다고 할 수 있다.
　결국 중국의 금리인상이 중국 경제에 급격한 변화를 가져올 것으로는 보이지 않고, 위안화의 평가절상도 소폭에 그칠 것으로 보이므로 중국 투자에 미치는 부정적인 영향은 제한적일 것으로 보인다.

달러의 약세는 계속될 것인가

달러화 약세 전망

1998년 이래로 달러화의 약세는 계속되어 2005년 12월 1,000원대 이하로 떨어졌으며, 이후에도 계속 하락해 2007년 10월 현재 910원대에 머무르고 있다.

대부분의 전문가들은 달러에 대한 원화 환율이 2008년 중 900원까지 떨어지거나 경우에 따라 800원대 시대가 올 수도 있다는 전망을 내놓고 있다. 2008년 미국의 경제성장률이 2%대로 떨어지는 등 경기둔화 속도가 빨라져 글로벌 시장에서 달러약세 현상이 심화될 것이라는 근거를 제시하고 있다.

미국의 중앙은행인 연방준비제도이사회(FRB)가 2004년 6월부터 2006년 6월까지 지속적인 금리인상 조치를 통해 방어해왔던 달러약세 현상이 드디어 유럽·아시아 등지에서도 재발되고 있다. 이러한 현상의 근본적 원인은 미국 경제의 둔화와 유럽·아시아 등 다른 경제권의 성장을 들 수 있다.

또 유럽중앙은행의 금리인상 전망이 유력해지고, 중국·일본 등 경상수지 흑자국들의 외환보유고 다변화 정책(달러 외 다른 통화의 비중을 높이는 것)으로 달러약세 현상이 가속화되고 있다. 특히 유로화에도 달러약세가 본격 작용하기 시작하고 있다. 뉴욕 외환시장에서 달러·유로화 가치는 지난 2005년 11월 18일 1.16달러를 기록한 후 계속 하락해 2007년 10월 현재 1.40달러에 이르렀다.

글로벌 달러약세 현상은 세계경제의 성장엔진인 미국 경제에 대한 국제적인 시각변화를 반영한다고 영국의 〈이코노미스트〉지는 분석하고 있다. 과거에는 미국 경제가 부진할 경우 세계경제가 함께 둔화될 것이라는 인식으로 미국발 경기침체를 우려한 세계 각국이 달러화 가치를 유지하기 위해 서로 공조해온 것이 사실이다. 그러나 최근에는 미국 경제의 둔화에도 불구하고 유럽·아시아 경제가 건실한 회복세를 보이자 미국발 경기침체에 대한 우려가 상당 부분 해소됐다는 것이다.

미국의 경제성장률은 2007년 1분기(1~3월) 5.6%에서 2분기 2.6%, 3분기 2.2% 등으로 낮아지고 있다. 경제협력개발기구

(OECD)도 세계경제 전망 보고서에서 올해 미국의 경제성장률 전망치를 당초 3.6%에서 3.3%로 떨어뜨렸다.

반면 유로지역의 올해 경제성장률 전망치는 2.2%에서 2.6%로 상향 조정됐다. 이와 같이 전반적인 세계경제 동향에 비추어보면 우리 원화가치 상승(원·달러 하락)세는 당분간 지속될 것으로 보인다.

달러화의 완만한 약세가 바람직

그러나 국제경제가 현재와 같은 경제성장률을 유지하기 위해서는 미국 달러화의 급격한 약세와 경기후퇴를 막는 것이 중요하다. 유엔이 발표한 세계경제 현황 및 전망 보고서에서 국제경제 성장률이 지난해 4%에서 올해 3.4%로 둔화될 것으로 전망하고 있는 데는 미국 부동산 시장의 둔화 영향이 크다면서 이같이 지적했다.

이 보고서는 유럽과 일본 경제가 호조를 보이고 있지만 국제경제에 미치는 영향력이 제한적인 반면 미국 경제가 국제경제에 미치는 영향력은 아직도 크기 때문에, 국제경제가 침체기조에 빠지지 않도록 하면서 국제적인 불균형을 조정하기 위한 공조전략이 필요한 시점이라고 말했다.

우리 경제에 미치는 영향

　이러한 달러가치의 하락, 즉 원·달러 환율의 하락은 우리 기업의 대외수출에 상당한 부담이 되고 있다. 국제결제가 달러화로 거래되기 때문에 원화로 생산한 수출제품의 원가를 달러화로 환산하면 수출단가는 높아지기 때문이다. 한국의 경제구조가 수출에 대부분 의존하고 있다는 사실을 감안하면 우리 경제에는 상당한 부담요인인 셈이다.

　반면 수입제품의 단가는 낮아지기 때문에 국내 물가안정에는 도움이 될 것이다. 최근 유가는 상승행진을 계속하고 있지만 달러가치의 하락으로 국내 물가에 미치는 영향이 다소 줄어들고 있는 점은 다행스런 현상이다. 그러나 전체적으로 보면 수출 중심의 한국 경제에는 마이너스 요인이기 때문에 정책당국이나 기업인들은 긴장하지 않을 수 없다.

환율이 대외수출에 미치는 영향

국가경제의 글로벌화가 진전됨에 따라 환율에 대한 관심이 점차 높아지고 있다. 환율의 변동은 수출이나 수입은 물론 국가간의 자본거래에 있어서 상품가격이나 금리에 영향을 미쳐 국가경제 전체로 영향력이 파급된다.

환율하락의 경우

환율이 1달러당 1,000원에서 900원으로 하락할 경우 그 영향을 생각해보기로 하자. 국내 수출업자가 1억 달러의 상품을 수출할 경우 받는 대금은 과거에는 원화로 환산해 1,000억 원이었으나 환율하락으로 900억 원을 받게 되어 수입이 100억 원만큼 줄어들게 된다.

이 경우 수출제품의 가격단가는 달러로는 변함이 없으나, 원화로 표시하면 하락한 결과가 되기 때문에 수출업자는 수출가격을 올려야 그전과 같은 이익을 얻을 수 있다. 따라서 수출업자는 수출의욕이 감소되고 내수판매에 관심을 갖게 될 것이다.

환율상승의 경우

원화의 환율이 1달러당 1,000원에서 1,100원으로 올라서 환율이 상승할 경우 그 영향을 생각해보자. 국내 수출업자가 1억 달러를 수출하면 받는 대금은 과거에는 원화로 환산하면 1,000억 원이었으나 환율상승으로 1,100억 원을 받게 되어 100억 원의 수익이 증가하므로 수출이 활기를 띠게 될 것이다.

이 경우 수출가격은 달러로는 변함이 없으나 원화로 표시하면 상승하는 결과가 되기 때문에 수출업자는 수출가격을 낮추어도 이전과 같은 수입을 계속 유지할 수 있다. 또한 수출제품은 다른 나라 제품보다 가격이 싸지므로 가격경쟁력이 생겨 수출량도 증가할 수 있을 것이다.

위의 사례에서 보면 환율상승은 국내 수출업자의 입장에서는 수출의 이점이 커지며, 원화로 종전과 같은 수출대금을 받으려면 달러표시 수출단가를 낮추어도 되므로 가격경쟁력이 강해져 판매량이 증가할 것이다. 따라서 환율상승은 우리의 입장에서는 수출이 활성화되는 결과로 나타난다.

환율이 국내 수입에 미치는 영향

환율이 변동하면 수입업자는 달러로 대금을 결제하므로 이를 원화로 환산하면 금액이 변동되므로 수입에 큰 영향을 미친다. 즉 원화가치의 상승은 원화표시 수입가격을 하락시켜 수입을 촉진시키며 국내 물가의 안정을 가져온다. 그럼 구체적으로 미국으로부터 수입하는 국내 수입업자에게 어떠한 영향을 미치는지 결제대금이 달러인 경우와 원화인 경우를 구분해 생각해보자.

환율하락의 경우

환율이 1달러에 1,000원일 경우 1억 달러 상품을 달러화 지급

조건으로 수입한 국내 수입업자는 은행에서 원화 1,000억 원으로 1억 달러를 교환해 수입대금을 지불하면 된다.

그러나 환율이 떨어져서 1달러에 900원이 되면 원화 900억 원으로 1억 달러를 교환해 지불하면 되므로 100억 원의 추가이익을 얻을 수 있다.

환율상승의 경우

환율이 1달러에 1,000원일 경우 국내 수입업자는 은행에서 원화 1,000억 원으로 1억 달러를 교환해 수입대금을 지불하면 된다. 그러나 환율이 올라서 1달러에 1,100원이 되면 원화 1,100억 원으로 1억 달러를 교환해야 하므로 100억 원의 추가손실이 발생하게 된다.

이와 같이 국내 수입업자는 환율이 하락하면 수입가격이 낮아져서 국내 물가안정에도 기여하게 되고 수입량도 늘어나게 될 것이다.

위의 내용을 종합하면 환율이 상승하면 원화가치가 떨어지고 수출은 그만큼 증가하게 된다. 그러나 환율이 하락하면 원화가치가 상승하여 수입을 늘어나고 수출은 그만큼 감소하게 된다.

환율이 국내 물가와 금리에 미치는 영향

환율이 물가에 미치는 영향

 환율의 변동은 수출입 품목의 가격에 영향을 미쳐 국내 물가에도 영향을 미친다. 쉽게 말하면 환율의 하락, 즉 원화가치의 상승은 수입물가를 하락시키고, 환율의 상승, 즉 원화가치의 하락은 수입물가를 상승시킨다. 이러한 현상을 구체적인 예를 통해 생각해보자.
 예를 들어 환율이 1달러에 1,000원에서 1,100원으로 상승했다고 생각해보자. 그러면 과거 1달러인 상품을 국내에서 1,000원으로 수입할 수 있었으나, 환율상승으로 1,100원을 지불해야 수입할 수 있게 되었다는 것을 의미한다. 즉 환율상승으로 인해 수입제품의 원가가 올라 물가가 상승하게 되었다는 말이다.

좀더 구체적으로 설명하면 환율이 상승하면 외국에서 수입하는 원유가격이나 수입기계류의 가격도 동시에 상승한다. 또한 석유 관련 제품뿐만 아니라 에너지 가격의 상승으로 인한 모든 국내 제품의 가격도 함께 상승하여 전반적인 국내 물가의 상승으로 이어진다. 따라서 환율이 상승할 경우에는 수입물가의 상승으로 인해 국내 물가의 상승으로 나타난다.

환율이 금리에 미치는 영향

환율이 하락하면 수입물가가 하락해 국내 물가를 하락시키므로 국내 금리도 하락한다. 반대로 원화가치가 상승하면 국내 물가의 상승으로 국내 금리도 상승한다.

예를 들면 환율이 하락하면 수입제품의 가격이 떨어진다. 그리고 수입제품의 가격하락은 그 수입품을 원자재로 해 생산하는 국내 제품의 가격하락을 초래할 뿐만 아니라 국내에서 생산되는 경쟁제품의 가격도 함께 떨어뜨린다. 이는 국내 명목금리의 하락을 가져온다. 즉 원화가치의 상승은 결과적으로 국내 금리하락을 초래한다.

반대로 환율이 올라가면 원화표시 수입제품의 가격도 상승한다. 이 경우 수입제품의 가격상승은 그 수입품을 원자재로 해 생산하는 국내 제품의 가격상승을 초래한다. 이는 국내 명목금리의 상승으로 이어진다. 다시 말하면 원화가치의 하락은 금리상승을 초래하는 결과를 가져온다.

은행의 환율고시표 보는 방법

은행 또는 신문에서 고시하는 현재 환율표를 어떻게 보는지 몰라서 당황하는 경우가 많다. 만약 달러를 사려 할 때 현재 고시된 여러 가격 가운데 어떤 가격으로 살 수 있는지 몰라서 당황하는 것이다. 한국외환은행 홈페이지에 게시된 다음의 환율고시표를 통해 구체적으로 그 내용을 알아보자.

환율고시표

조회시각 : 2007년 10월 16일 10시 19분

통화명	현찰		송금환(전신환)		T/C	외화수표	매매 기준율	환가 요율	미화 환산율
	사실 때	파실 때	사실 때	파실 때	사실 때	파실 때			
USD	934.87	902.73	927.80	909.80	929.82	908.06	918.80	6.845	1.0000
JPN100	797.33	769.91	791.29	775.95	791.45	775.44	783.62	2.6425	0.8529

2장 환율과 경제생활 ... 137

통화명

통화명의 USD는 미국 1달러를 기준으로 한 원화가치를 말한다. '현찰 사실 때' 934.87은 고객이 은행에서 미국 1달러를 한국 원화 934.87원으로 살 수 있다는 의미이다. 다음 JPN100은 일본 100엔을 살 수 있는 원화의 가치를 말한다.

현찰 살 때, 팔 때 환전수수료

우리가 실제로 은행에 가서 환전을 할 때는 각 은행별로 고시되는 매매기준율에 소정의 수수료를 더한 값인 '현찰 사실 때' 와 '현찰 파실 때' 로 환전한다.

여행을 가기 위해 달러를 구입할 경우에는 은행이 고객의 입장에서 제시한 '현찰 사실 때' 환율이 적용된다. 반면에 여행 후 남은 달러를 원화로 다시 교환할 경우에는 '현찰 파실 때' 환율로 교환하게 된다.

여기서 우리가 은행에 지급하는 환전수수료는 매매기준율에서 '현찰 파실 때' 환율을 뺀 가격 또는 '현찰 사실 때' 환율에서 매매기준율을 뺀 가격이다. 따라서 이 수치가 높은 은행일수록 수수료를 많이 받는 은행이므로 좀더 수수료가 낮은 은행을 이용하는 것이 현명하다. 앞의 표에서 매매기준율이 918.80원이고 '현찰 사실 때' 환율이 934.87원이라면 환전수수료는 934.87 - 918.80 = 16.07(원)이다.

또한 '현찰 파실 때' 환율이 902.73원이므로 환전수수료는 918.80 - 902.73 = 16.07(원)이다. 이때 수수료율은 매매기준율에 대한 환전수수료의 비율, 즉 16.07 / 918.80 = 1.75%가 된다.

따라서 해외여행을 할 경우 너무 많은 돈을 달러로 교환해갔다가 여행 후에 도로 반환하면 환전수수료만 이중으로 부담하는 결과가 되므로 적당한 금액만 환전하든지 카드로 지불하는 지혜가 필요하다.

매매기준율과 전신환 매매율

- 매매기준율(basic rate)은 서울 외환시장에서 매매된 당일 장중의 거래량을 모두 합산해 가중평균한 시세를 익일 매매기준율로 고시한 것이다.
- 전신환 매매율(telegraphic transfer rate, T/T)은 수표나 현금이 왔다 갔다 하지 않고, 전산(전신)상으로 처리되는 환전을 할 때 적용하는 환율이다. 일반고객과 외환거래를 할 때 은행의 자금부담 비용이 포함되지 않은 순수한 의미의 환율이

며, 여타 대고객 환율의 기준이 된다. '전신환 사실 때'는 고객이 외화를 살 때 적용되는 전신환 매도율(T/T selling rate)을 의미하고, '전신환 파실 때'는 고객이 외화를 은행에 팔 때 적용되는 전신환 매입률(T/T buying rate)을 의미한다.

반면 '현찰 사실 때'나 '현찰 파실 때'와 같은 현찰 매매율(cash rate)은 외화(달러)를 현찰로 매매할 때 적용되는 환율로, 현찰의 수송 및 보관비용이 소요될 뿐만 아니라 비수익성 자산으로서 큰 환위험이 수반되므로 수수료가 가장 많다.

외환 포지션

외환시장에서 포지션 관리란 외국환은행이 외환시장에서 산 외화와 판 외화의 차액을 일정 범위에서 유지하도록 하는 제도를 말한다. 결국 외환당국이 외화자산과 외화부채 간의 차액을 적절하게 조절하는 것이다.

이는 보유 외화자금과 자국 통화 사이의 균형을 유지할 뿐만 아니라 외국환은행의 건전한 경영을 유도하고 외환시장의 안정과 국내 유동성 조절을 위한 제도이다.

가장 유리하게 환전하는 방법

해외여행을 가기 전에 꼭 해야 할 일은 은행에 가서 환전하는 일이다. 그런데 환율은 시시각각 가격이 변하는 외환시장에서 그때마다 형성되는 가격에 은행 나름대로의 적정 마진을 붙여 고시환율을 발표하고 있다.

그러나 고시환율을 그대로 적용하기에는 고객 입장에서는 수수료율이 너무 높다는 생각이 든다.

매매기준율이 낮은 은행 이용

1) 개인

은행의 고시환율은 '매매기준율'과 '현찰 살 때'와 '현찰 팔 때'를 구분해 발표하고 있다. 이 고시환율은 은행별로 다소 차이가 있으며, 환전시점에 따라서도 차이가 있다. 따라서 조금만 신경을 쓰면 좀더 유리한 조건으로 환전을 할 수 있다.

외환 필요시점을 기준으로 하여 현재 환율이 상승추세인 경우에는 미리 환전을 하고, 하락추세인 경우에는 카드를 사용해 가급적 늦게 지급하면 된다. 그리고 은행별로 환율도 다소 차이가 난다. 각 은행의 고시환율은 인터넷을 통해 확인해보면 쉽게 알 수 있다.

2) 기업

기업들이 수출입 거래로 외환을 사고팔 때 수수료를 적게 내는 방법은 은행에서 우대환율을 적용받는 것이다. 수수료율이 적정한지 여부는 인터넷을 통해서 체크해보면 금방 알 수 있다.

결제하기 하루 전날이나 결제일 오전 10시까지 은행별로 환율을 알아본 후에 가장 유리한 은행에서 결제용 달러화를 매입하면 된다.

수출거래도 수입거래와 같은 원리가 적용된다. 이때 각 은행이 제시하는 환율을 그대로 받아들이지 말고, 은행별로 환율을 네고(negotiation)할 필요도 있다.

환전수수료가 싼 은행 이용

여행을 갈 때는 달러를 구입해야 하므로 고객의 입장에서 '현찰 살 때' 환율이 적용된다. 반면에 여행 후 남은 달러를 우리 돈으로 교환할 경우에는 '현찰 팔 때' 환율이 적용된다.

여기서 우리가 은행에 지급하는 환전수수료는 매매기준율에서 '현찰 팔 때' 환율을 뺀 가격 또는 '현찰 살 때' 환율에서 매매기준율을 뺀 가격이다. 따라서 이 수치가 높은 은행일수록 수수료를 많이 받는 은행이므로 좀더 수수료가 낮은 은행을 이용하는 것이 현명하다.

미국 달러를 예로 들면 매매기준율이 960원에 '현찰 살 때' 가 980원이라면 환전수수료는 980 - 960 = 20(원)이다. 이때 수수료율은 매매기준율에 대한 환전수수료의 비율, 즉 (980 - 960)/960 = 2.1%이다.

환율우대제도를 활용

환전수수료는 외화를 사거나 팔 때의 환율과 매매기준율의 차이를 말한다. 현금을 환전할 때 우대수수료를 적용한다는 말은 이 환전수수료를 우대율(優待率)만큼 할인해준다는 말이다.

따라서 1,000달러 환전할 경우 수수료를 50% 할인한다면, 환전수수료 2.1%에 대해 우대율인 50%(1/2)를 할인해준다는 말이다. 위의 예에서 2.1% × 1/2 = 1.05%를 할인하게 된다. 따라서 1달러당 약 970원으로 환전이 가능하다는 말이다.

현재 한국외환은행에서 실시하고 있는 환율우대 제도를 알아보자.

첫째, 해외여행시 누구나 가입할 수 있는 환전클럽을 이용하는 방법이다. 이때 클럽 단위로 합산해 환율우대를 적용받을 수 있다. 이 경우는 일반적으로 우대율 50%를 할인받는다.

둘째, 유학생의 경우 환율우대 쿠폰을 이용하는 방법이다. 이 경우 30%의 할인율을 적용받을 수 있다.

셋째, 국제학생증을 소지한 학생에게는 20~30%의 할인혜택이 부여된다.

넷째, 거래은행에 상관없이 사이버 환전센터를 이용해 지정 은행에 가서 환전하면 최고 70%의 환율우대를 받을 수 있다. 구체적인 사항은 한국외환은행 홈페이지를 참고하기 바란다.

환전클럽 활용

1) 환전클럽 이용

해외여행을 하고자 하는 개인고객이 외환은행의 환전클럽에 가입하면 개인별로 신청한 환전금액을 합산한 금액을 기준으로 환전수수료를 할인하는 제도이다.

환전클럽은 여러 사람이 환전할 돈을 모아 환율우대를 받는 '공동구매' 형식으로, 외환은행 인터넷 홈페이지에서 회원가입을 하면 된다. 자신이 직접 환전 희망자들을 모으거나 다른 공동구매팀에 들어가 환전을 할 수도 있으며, 환율수수료는 최대 70%까지 할인된다.

또한 환전클럽에 가입하면 환전클럽명과 관계없이 원하는 통화를 신청할 수 있으며, 환전할 때도 클럽 내의 다른 회원과 자유롭게 환전할 수 있다.

2) 할인수수료 적용(최고 70%)

구 분	10명 미만		10명 이상	
	달러, 유로, 엔	기타 통화	달러, 유로, 엔	기타 통화
1만 달러 미만	20%	10%	20%	10%
1만 달러 이상	30%	10%	35%	10%
3만 달러 이상	35%	10%	40%	10%
5만 달러 이상	40%	15%	45%	15%
10만 달러 이상	45%	20%	50%	20%
특별우대	매 100째 고객		70%	
	생일이 환전마감일 전후 5일 이내		50%	

*특별우대에 해당하는 고객은 기본 우대율이 우선 적용된다.

3) 신청한도

- 해외여행 고객 : 미화 5만 달러까지 신청 가능.
- 외화현찰 매도고객 : 미화 500달러 이상 5만 달러까지 신청 가능.

환전, 알고 하면 상당한 이익 본다

은행에서 환전을 할까? 공항에 가서 환전을 할까?

따져보고 그 차이를 알게 되면 반응은 엄청나게 달라진다. 그리고 은행별 환전에 대한 방법과 시스템을 어떻게 이용하는 것이 유리한지 확인해보자.

공항 환전, 일반은행 환전, 인터넷 환전

해외여행을 할 경우 아무 생각 없이 공항은행에서 환전한 사람은 일반은행 창구에서 환전한 것보다 수수료를 더 많이 지불했다는 것을 나중에 알게 되면 자신의 무관심을 아쉬워할 것이다.

일반인이 달러를 살 때 적용되는 환율은 외환 국제 거래시장에서 거래되는 기준환율에 일정액의 수수료가 붙어 계산된다. 은행의 달러 조달 등에 따른 비용과 마진이 붙기 때문이다. 일반적으로 환전수수료는 공항은행이 가장 비싸고 일반은행, 인터넷(사이버 환전) 순이다.

인터넷 환전 어떻게 하나

외환은행 등 주요 시중은행은 각자 홈페이지에 인터넷 환전 서비스를 갖춰놓고 있다. 따라서 각 은행 홈페이지의 환전 서비스에 들어가면 누구나 이용할 수 있다.

홈페이지에 들어가 인터넷뱅킹을 통해 해당 금액을 송금하고 환전할 외화, 수령지점, 수령일 등을 지정하면 원하는 날짜에 가서 찾을 수 있다.

수령할 곳을 인천공항 지점으로 지정하면 여행 당일 줄을 서지 않고도 즉시 수령할 수 있다.

외환은행의 경우 기본 우대율 40%에 5~15% 추가 우대율을 가산하고 있으며, 국민은행의 경우에는 50%를 우대율로 정해놓고 있다.

국민은행 환율우대

국민은행은 외화예금을 거래할 때마다 30%를 환율우대하고 있다. 또 국민은행에서 제공하고 있는 아시아나 마일리지 제도로 해외여행 경비를 환전(T/C 포함)할 경우에는 건당 미화 500달러 상당액 이상 환전자(외화매입 제외)를 대상으로 5달러당 1마일리지 보너스 제공 또는 마일리지 보너스에 해당하는 환율우대의 혜택을 준다.

또한 당발송금(무역외거래)의 경우에는 건당 미화 1,000달러 상당액 이상 송금자를 대상으로 20달러당 1마일리지 보너스 제공 또는 마일리지 보너스에 해당하는 환율우대가 적용되고 있다.

이외에도 금융기관별로 차별화되고 체계적인 인터넷 환전 시스템과 은행 창구 방문 이용시 적용받을 수 있는 혜택이 다양하니 꼭 한번 확인 비교해보자.

외환 머니백(Money Bag) 서비스

은행별로 조금씩 차이는 있지만 환전금액에 따른 포인트를 항공 마일리지나 현금으로 환급해주기도 한다. 외환은행의 경우 환전하는 금액 1달러에 1포인트를 적립해주고(해외송금 및 외화예금은 2달러에 1포인트) 3,000점이 쌓이면 현금으로 3,000원을 돌려받을 수 있다.

  구체적으로 말하면 환전거래를 할 때 미화 1달러당 1포인트가 적립되므로 1,000달러를 환전하면 1,000포인트가 적립된다. 그리고 환전 이외의 거래에는 미화 2달러당 1포인트가 적립되므로 1,000달러 해외송금의 경우 500포인트가 적립된다.

외화예금 가입

  해외여행 후 남은 외화는 다시 원화로 바꾸지 말고 외화예금으로 저축을 하는 것도 좋다. 외화예금 통장에 들어 있는 달러를 다시 원화로 바꿀 때 수수료를 부담하지 않아도 되고 환율이 상승할 경우 환차익과 이자혜택까지 볼 수 있기 때문이다.

  이처럼 환전은 환전 그 자체에서 끝나는 것이 아니라 환전으로 인해 보험에 가입된다거나 포인트로 적립된다거나 최고의 할인율로 우대받을 수 있어 잘 이용하면 훌륭한 재테크가 될 수 있다. 따라서 조금 번거롭더라도 어느 곳이 어느 정도 저렴하고 어떤 혜택을 주는지 잘 살펴보면 예상외로 상당한 차익을 얻을 수 있을 것이다.

환율변동 위험 피하는 외화예금 활용

외화예금이란 무엇인가

외화예금이란 외화로 예금하고 외화로 인출하는 예금제도를 말한다.

우리나라에서도 외환시장 개방에 따라 외국 거주 여부와 관계없이 국내에 거주하는 개인이나 기업이 외화 예금계정을 가질 수 있다. 그러나 외화예금은 예금자보호법에 의해 저축원금이 보호받지는 못한다.

외화예금이 관심을 끄는 이유는 환율변동에 따라 발생하는 환차익에 세금이 부과되지 않기 때문이다.

외화예금의 특징

외화예금의 가장 큰 특징은 환율변동에 따라 수익률이 크게 달라진다는 점이다. 원·달러 환율이 1,000원일 때 통장을 만들었는데, 만기 때 환율이 1,100원이 된다면 원화로 바꿀 경우 약정이자 외에 1달러당 100원의 외환차익을 얻을 수 있다. 그러나 반대로 환율이 떨어질 경우 수익은커녕 원금까지도 손실이 발생할 수 있다.

따라서 일반인들은 국내에서 수익을 낼 수 있는 많은 금융상품이 있음에도 불구하고 굳이 환율을 예측해야 하는 외화예금에 투자하는 것은 좋은 투자방법이라고 할 수 없다.

외화예금이 필요한 경우

외화예금은 자녀 유학이나 이민을 준비하는 실수요자와 장래에 필요한 달러를 미리 준비하여 결제해야 하는 중소기업 등이 잘 이용하는 것이 바람직하다. 외화예금을 할 때는 한 번에 전액을 예금하기보다 일정 기간마다 조금씩 분산해 예금하는 것이 유리하다. 그 이유는 환율변동의 위험을 사전에 대비해야 하기 때문이다.

외화예금의 종류

외화예금은 입출금이 자유로운 '외화 보통예금'과 일정 기간 예금하는 '외화 정기예금'이 있다. 이러한 예금을 이용하여 환율 등락에 따른 리스크를 해소할 수 있다. 해외여행이나 해외송금을 하는 실수요자라면 환율이 쌀 때 달러를 사서 외화예금에 넣어두었다가 활용하면 된다.

최근엔 금융공학(선물이나 옵션)을 이용하여 외화예금의 이자 외에 예금이자의 4~5배에 해당하는 높은 프리미엄을 받을 수 있는 외화예금도 등장했다. 이 상품은 옵션형 외화 정기예금으로 미국 달러로만 가입이 가능하고, 가입금액은 1만 달러 이상, 예치기간은 15일, 1개월, 2개월, 3개월의 4가지가 있다.

아내와 자녀를 해외에 보내 공부시키는 '기러기 아빠'의 고민을 덜어주는 상품으로 '외화재테크 적립예금'이라는 것도 있다. 이 예금은 본인이 정한 환율의 상하한선 범위에서 매일, 매주, 매월 자유롭게 적립할 수 있다.

처음 가입할 때 상한 환율과 하한 환율을 지정해놓고 이후 환율변동에 따라 상한선 이상으로 오르면 일시적으로 이체가 중지되고, 하한선 미만으로 내려가면 본인이 미리 정한 배수 범위에서 자동으로 증액되어 적립된다.

외화예금 활용

- 유학생 자녀가 있는 가정은 원화가치의 계속적인 하락에 대비해 송금할 금액을 미리 외화예금에 넣어두면 유리하다. 입출금이 자유로운 보통예금 금리는 은행에 따라 차이가 있는데, 대체로 연 2~3% 수준이다.

  외화 정기예금 금리(미 달러화 기준)는 1주일 이상이 연 6.3%, 1개월 이상이면 연 6.5%대, 3개월 이상이 연 7% 정도이다. 금리로만 따지면 원화 정기예금 금리(3개월 연 6.3%)보다 오히려 높다. 그러나 원화가치가 떨어지면 환차익을 얻지만 원화가치가 오르면 환차손을 보므로 적절한 환율예측이 필요하다.

- 원화가치가 계속 떨어진다면 해외에서 신용카드를 쓸 때도 상당히 주의를 기울여야 한다. 나중에 카드대금을 결제할 때 환차손을 볼 수 있기 때문이다. 카드사들이 해외 사용분을 원화로 산출하는 기준일은 카드 사용일이 아니라 해외에서 국내 카드사로 전산 전표가 넘어오는 날이기 때문이다. 해외 여행시 현금 대신 여행자수표 등을 매입하면 보다 유리한 환율을 적용받게 된다.

원화가치 변동에 따른 대처요령

각종 상황	원화 하락추세	원화 상승추세
외화매입 또는 예금	유리	불리
해외 신용카드 사용	불리	유리
외화표시 투자자산	유리	불리
해외 송금	앞당긴다	늦춘다
수출대금 결제	늦춘다	앞당긴다
수입대금 결제	앞당긴다	늦춘다

외환시장, 딜링룸, 외환딜러

우리 시각으로 보는 국제 외환시장

1980년대 후반까지만 해도 국제 금융시장의 소식이 국내 뉴스에서 차지하는 비중은 미미했다. 그러나 외환위기 이후 국내 자본시장이 완전히 개방되고 우리의 무역규모가 세계 11번째에 이르자 상황은 완전히 달라졌으며, 이로 인해 국제 경제·금융 뉴스의 양적·질적 변화가 나타나게 되었다.

이와 함께 과당경쟁과 일천한 국제 금융시장에 관한 지식으로 인해 많은 시행착오도 노출되고 있다. 우리의 경우 국제 금융시장에서 생생한 현장의 소식을 우리의 시각과 취재력으로 전달하지 못하고 아직까지 외신을 번역하는 수준에 머물고 있다.

따라서 선진국의 시각이 여과 없이 전달되는 경우도 있으므로 외신들의 시각과 편견을 어느 정도 분별하는 능력을 가질 필요가 있다.

서울외환시장

외환시장이란 증권시장과 같이 증권거래소를 중심으로 형성되는 구체적인 시장이 아닌 전화 또는 전신으로 외환의 거래가 이루어지는 추상적인 시장을 의미한다.

서울외환시장은 서울에 소재한 국내 은행과 외국계 은행 서울지점의 각 딜링룸(dealing room)과 중개기관을 사이에 두고 벌어지는 전산망과 전화상으로만 이루어지는 눈에는 보이지 않는 시장이다. 그러나 숨가쁘게 거래가 이루어지는 금융기관의 딜링룸을 보면 외환시장의 참모습을 실감할 수 있을 것이다.

딜링룸

외환거래가 한창 진행 중인 딜링룸을 방문하면 인사를 해도 모두 자기 업무에 바빠서 누구 하나 아는 척하는 사람이 없다. 한

딜러가 전화기를 잡고 "탐 비드 오공에 천"이라고 외치고 있다. 또 다른 딜러는 열심히 전화에 대고 원·달러 환율 현황과 전망에 대해 설명하고 있다. 또 다른 몇 명의 딜러들은 컴퓨터 단말기를 눈이 뚫어지도록 쳐다보고 있다.

위의 예에서 전화를 들고 암호 같은 전문용어로 외치는 딜러는 은행간 딜러이고, 전화기에 붙은 헤드폰을 머리에 쓰고 누군가에게 시황 등을 설명하는 사람은 대고객 딜러, 즉 코퍼레이트 딜러(corporate dealer)이다.

일반적으로 딜러들은 거래주문을 중개회사에 전화로 내고, 체결 확인은 컴퓨터 단말기를 통해서 한다. 현재 딜링룸에 있는 단말기 화면에 달러·원 환율이 920.10/920.20으로 게시되고 있다면, "920.10원 비드(bid), 920.20원에 오퍼(offer)"라고 읽는데, 이것은 현재 시장에서 920.10원에 매수, 920.20원에 매도하고자 하는 금융기관이 있다는 의미이다.

지금 달러 환율의 상승을 예상하고 1,000만 달러를 사는 거래를 생각해보자. 먼저 금융단 핫라인 전화(서울외국환중개 또는 한국자금중개의 직통전화)의 수화기를 들면 직접 중개사 직원과 연결된다. 연결되는 순간에도 환율이 시시각각 변하기 때문에 빨리 의사전달을 해야 한다. 단말기 화면에 926.00/926.30이라는 호가상황이 제시되어 있어 "탐 비드 공공에 천"이라고 했다.

이 경우 '탐(TOM)'은 영문 투모로(tomorrow)의 약어로 표현한 것이고, '비드(bid)'는 매수호가를 의미한 것이며, '공공'은 926.00의 마지막 00을 의미하고, '천'은 1,000만 달러를 의미한다. 반대로 동일한 호가로 팔고자 하는 경우에는 "탐 오퍼 삼공에 천"이라고 하면 된다.

외환딜러

환율은 딜러(dealer)들이 외환시장에서 직접 거래한 결과로 나타난다. 서울외환시장에는 80여 명의 딜러가 있는데, 이들은 각 은행을 대표해 딜링룸에서 하루 종일 달러화를 매매하고, 이들이 매매한 거래대금을 총 평균해 다음날 매매 기준가격을 비롯한 주요 환율이 정해진다.

또한 "지난밤에 달러가 엔화에 대해 강세를 보였다"는 말은 외환딜러들이 일본의 엔화보다는 미국 달러를 더 샀기 때문에 달러값이 올랐다는 의미이다.

3장
미래 위험에 대비한 보험제도

보험의 기능과 역할

보험제도란 무엇인가

우리가 일상생활을 하면서 언제 어디서 예상치 못한 사고나 재난을 당할지 알 수 없다. 만약 사고를 당할 때 여러 사람이 돈을 모아서 사고를 당한 사람을 도와준다면 쉽게 어려움을 극복할 수 있을 것이다. 바로 이러한 원리를 이용한 것이 보험제도이다.

즉 보험(保險)제도란 불확실한 미래에 발생할 수 있는 사고로 인한 경제적 손실을 보전하기 위해 유사한 위험에 직면할 수 있는 다수의 사람들로부터 모은 보험료로 공동기금을 마련해 소수의 손실을 입은 사람에게 보상해주는 사회적 제도이다.

보험의 경제적·사회적 기능

보험은 다음과 같은 경제적·사회적 측면에서 아주 중요한 기능을 수행한다.

- 손실보상 기능 : 예상외의 사고가 발생해도 경제적으로 사고 이전의 상태로 회복시킨다.
- 손실통제 기능 : 손실의 발생을 미리 예방하는 기능과 발생한 손해를 축소시키는 손해경감 기능이 있다.
- 불안감소 : 가입자가 미래에 대해 가지는 경제적인 걱정과 근심을 사전에 감소시킨다.
- 투자재원 마련 : 부가 보험료와 보상부분을 제외한 부분은 국가의 산업자금으로 투자가 가능하다.
- 신용증대 : 보험 가입자에 대한 보상이 가능하므로 개인의 신용을 증대시킨다.
- 여유자금 활용 : 보험료 지급으로 위험은 전가되고 기타 여유자금의 활용이 가능하다.

생명보험과 손해보험

보험제도는 크게 생명보험과 손해보험의 두 가지로 구분할 수 있다. 사람의 생명이나 건강을 해치는 사고나 질병에 대해 미리 대비하는 제도가 생명보험이며, 자신에게 재산상의 손해를 가져온 위험이나 타인에게 끼친 손해를 보상해주는 제도가 손해보험이다.

생명보험에는 갑작스러운 사고로 인해 사망하면 보험금을 지급하는 사망보험과 보험 가입기간 동안 생존해 있으면 보험금을 지급하는 생존보험이 있다. 그리고 이 두 가지 보험을 혼합한 생사 혼합보험도 있다.

손해보험에는 일반 개인이나 가족에게 필요한 책임보험과 재산보험이 있다. 가장 많이 가입해 있는 자동차보험은 책임보험의 일종이다.

보험상품의 다양화

최근 보험상품도 다른 금융상품과 마찬가지로 고객에 대한 혜택내용이 매우 다양해지고 있다. 계약자로부터 받은 보험료를 주식이나 채권과 같은 유가증권에 투자해 얻은 수익금을 고객에게 되돌려주는 변액보험, 일반 건강보험과 종신보험의 장점을 혼합해 치료비와 사망보험금을 지급하는 중병보험, 치매와 같은 노인성 질환으로 거동이 어려운 노인을 상대로 간병비를 연금 형태로 지급하는 장기 간병보험 등이 있다.

3중 보장제도

최근 핵가족화의 급격한 진전, 평균 수명의 연장, 그리고 장기적인 저금리 상태 지속 등으로 사회보장제도가 부족한 우리나라에서는 미래의 경제적인 생활에 대한 불안감이 적지 않은 것이 사실이다. 국민연금이나 건강보험이 있지만 국민들의 기대에는 미치지 못하고 있다.

따라서 국가가 기본적으로 보장해주는 사회보장, 직장에서 종업원의 복리후생과 퇴직 후의 생활을 보장하기 위해 실시하는 퇴직보험과 같은 기업보장, 개인이 만족스러운 노후생활을 보장받기 위해 스스로 준비하는 개인연금과 같은 개인보장의 3대 보장축으로 적절하게 조화를 이루어 이를 실현해야 한다.

- 사회보장 : 국가가 일정한 최저 수준의 국민생활을 보장하는 보험(국민연금).

- 기업보장 : 기업이 종업원의 퇴직 후 안정된 생활을 보장하하는 보험(퇴직보험).
- 개인보장 : 개인이 스스로 준비하는 노후보장 보험(개인연금).

보험계약 당사자란 무엇인가

　보험계약이란 보험 계약자가 약정한 보험료를 납부하고, 피보험자의 재산 또는 생명이나 신체에 관해 불확정한 사고가 발생할 경우에 보험자가 일정한 보험금액 등을 지급할 것을 약정하는 계약이다.
　보험계약에 있어서 보험료를 납부하는 보험 계약자와 사고가 발생할 경우 보험금 등을 지급하는 보험자(보험회사)가 계약의 당사자가 된다. 보험계약의 관계자는 사고가 발생할 경우 보험금을 받는 보험 수익자와 자신의 신체나 목숨이 보험에 붙여진 피보험자로 구분된다.

보험계약 당사자

1) 보험 계약자

자기 이름으로 보험자(보험회사)와 보험계약을 체결하고 보험료 지급 의무를 지는 보험 가입자를 말한다. 보험 가입자는 자연인이나 법인을 불문하고 그 수도 제한이 없다.

2) 보험자

보험사업을 영위하는 보험회사로서 보험료를 받고 보험사고가 발생할 경우 보험금 등을 지급할 의무를 지는 자이다.

보험계약 관계자

보험계약 관계자는 보험계약 당사자를 비롯해 보험계약이 성립되기 위해 법적으로 필요한 사람을 말한다. 즉 보험계약 당사자인 보험자(보험회사) 외에 피보험자와 보험 수익자, 그리고 보험모집 조직 등이 있다.

1) 피보험자

생명보험이나 상해보험에서 위험담보의 대상이 되는 사람, 즉 자신의 생사 또는 상해 여부가 보험사고의 대상이 되는 자를 말한다. 다시 말하면 생명보험에서는 보험의 목적으로 자신의 신체나 생명이 보험에 붙여진 자를 말한다. 손해보험에서는 보험가입 대상은 물건이며, 보험사고가 발생할 경우 손해를 입는 사람으로 보험회사에 보험료 지급을 청구할 수 있는 자이다.

2) 보험 수익자

생명보험의 경우 피보험자가 보험사고를 당했을 경우 보험 계약자로부터 보험금을 받도록 지정받은 자를 말한다. 보험 수익자는 보험계약 체결시 지정할 수도 있지만, 지정하지 않은 경우는 법적 상속인이 보험 수익자가 된다.

3) 보험모집 조직

보험상품을 만든 보험회사와 최종 소비자인 보험 계약자 사이에서 보험계약을 중개 또는 대리하는 개인이나 조직을 말한다. 여기에는 보험회사 직원이나 설계사와 같은 내부 조직과 대리점이나 중개인과 같은 외부 조직이 있다.

보험료와 보험금의 구분

보험료

보험료(premium)란 보험 계약자가 보험사고에 대비해 보험계약에 의해 보험자(보험회사)에게 납부하는 금액을 말한다. 즉 보험회사가 보험금 지급의 책임을 지는 대가로 보험 계약자에게 부과하는 보험상품의 가치를 말한다.

보험료는 대수의 법칙에 의해 사고발생의 개연율에 따라 보험금 지급을 충당하기 위한 순보험료와 보험회사가 사업을 영위하는 데 필요한 부가보험료로 구성된다. 보험료를 '프리미엄(premium)'이라고 하는 이유는 위험을 보장받는 대신 원금(책임준비금)에 서비스료로 웃돈을 얹어주는 것이란 의미이다.

그리고 보험료 지급에 대한 1차적 책임은 보험 계약자가 지지만, 보험 계약자가 지급불능 상태인 경우 2차적 책임은 생명보험에서는 보험 수익자, 손해보험인 경우 피보험자가 보험료 납부의 책임을 진다.

보험금

보험금(insured amount)이란 보험계약이 만료되거나 보험기간 이내에 보험사고가 발생하는 경우 보험자(보험회사)가 지급해야 하는 금액을 말한다. 보험금의 유형은 크게 만기시 지급하는 만기보험금, 사망시 지급하는 사망보험금, 그리고 각종 사고가 발생할 때 지급하는 사고보험금 등으로 구분할 수 있다.

보험금액은 생명보험과 같은 정액보험에서는 사고가 발생할 경우 보험회사가 지급하기로 약정한 금액이고, 손해보험에서는 보험회사가 보험 계약자와 합의해 정한 손해보상 책임의 최고 한도액이다.

따라서 얼마짜리 보험금이란 생명보험에서는 사고발생시 실제로 받는 금액이다. 반면 손해보험에서 보험금은 사고로 인한 손해액의 크기에 따라 나오는 금액이 달라진다.

보험기간, 보험료 납입기간, 보험 계약기간

보험기간

'보험기간(term of insurance)'이란 보험회사의 책임이 시작되어 끝날 때까지의 기간이며, 보험사고가 발생하면 보험회사가 책임을 지는 기간을 말한다. 즉 보험계약상 보험회사가 피보험자의 위험부담에 대해 책임을 지는 기간을 말하며, 위험기간이라고도 한다.

보험기간을 정하는 방법은 확정적인 일시부터 일시까지를 정하는 방법(기간보험)과 어느 확정 사실의 발생(화물의 적재 등)으로 정하는 방법이 있다.

생명보험은 기간보험으로 책임 개시시기와 소멸시기가 정해져 있는데, 제1회 보험료를 받은 때부터 시작해서 마지막 날의 24:00까지이다. 손해보험의 경우에는 보험기간의 첫날 오후 4시부터 시작해서 말일 오후 4시까지이다. 자동차보험은 계약 당일 24:00부터 마지막 날 24:00까지이며, 책임보험은 생명보험의 경우와 같다.

보험료 납입기간

'보험료 납입기간(premium paying period)'이란 보험 계약자가 보험료를 납입해야 하는 의무가 있는 기간으로, 계약할 때 보험계약의 조건으로 정해져 있다. 따라서 보험회사가 책임을 지는 보험기간과 항상 일치하는 것은 아니다.

보험료 납입기간과 보험기간이 동일한 경우를 전기납(全期納)이라고 하며, 보험료 납입기간이 보험기간보다 짧은 경우를 단기납(短期納)이라고 한다.

보험 계약기간

'보험 계약기간(duration of policy)'이란 보험계약이 유효하게 존속하는 기간, 즉 보험계약이 성립해 소멸할 때까지의 기간을 의미한다. 보험 계약기간은 보험계약 자체가 효력을 발생하며 존속하는 기간으로, 위험부담의 책임을 지는 기간인 보험기간과 구별된다.

보험 계약기간은 보험계약이 성립할 때부터 시작된다. 계약의 성립은 계약자의 청약과 보험자의 승낙이 있을 때 이루어진다.

보험의 종류에는 어떤 것이 있나

보험은 크게 인보험, 손해보험, 사회보험으로 분류할 수 있다. 인보험에는 생명보험과 상해보험이 있고, 손해보험에는 화재보험, 운송보험, 해상보험, 책임보험, 자동차보험이 있으며, 사회보험에는 산업재해보험, 건강보험, 국민연금, 고용보험 등이 있다.

보험의 종류

분 류	종 류
인보험	생명보험(사망보험, 생존보험, 생사 혼합보험), 상해보험
손해보험	화재보험, 운송보험, 해상보험, 책임보험, 자동차보험
사회보험	산업재해보험, 건강보험, 국민연금, 고용보험

인보험

인보험은 사람의 생명 또는 신체의 상해에 관한 보험사고를 보장해주는 보험이며, 생명보험과 상해보험으로 구분한다.

- 생명보험 : 생명보험이란 사람의 사망 또는 일정 연령까지 생존시 약정한 보험료를 지급하는 보험이다. 이는 주로 노후의 생활비, 사망 후 유가족의 생활비 등을 마련하기 위한 대표적인 보험으로, 사망보험, 생존보험 및 생사 혼합보험으로 구분할 수 있다.
- 상해보험 : 상해보험은 재해만을 집중적으로 보장하고 질병으로 인해 사망할 경우에는 책임준비금만 지급한다.

손해보험

손해보험이란 보험사고로 인한 피보험자의 재산상의 손해를 보상하는 보험이며, 화재보험, 운송보험, 해상보험, 책임보험, 자동차보험 등이 있다.

- 화재보험 : 화재로 인한 재산상의 손해보전뿐만 아니라 폭발

이나 풍수해 등의 위험까지 선택적으로 손해를 보상해주는 보험.
- 운송보험 : 화물의 운송 중에 우연한 사고로 인해 화물에 입은 손해를 보상하는 보험.
- 해상보험 : 운송 중인 선박이나 화물 등의 손실을 보상하기 위한 보험으로 선박보험, 적하보험, 운송보험, 항공보험 등.
- 책임보험 : 사고로 인해 제3자에게 손해를 입혔을 경우 그 손해를 보상하는 보험.
- 자동차보험 : 자동차 사고로 인해 대인, 대물, 자손, 자차에 대한 보상을 하는 보험.

사회보험

사회보험이란 국민의 최소한의 생활보장을 위한 공적 보험을 말한다. 산업재해보험, 건강보험, 국민연금, 공용보험 등이 여기에 속한다.

- 산업재해보험 : 업무상의 사고에 의한 사망, 상해, 질병 등을 보상하는 보험.
- 건강보험 : 질병, 상해, 분만시 진료비 또는 사망 등에 대해

보상하는 보험.
- 국민연금 : 퇴직, 장애, 사망시에 연금을 지급.
- 고용보험 : 실직할 경우 일정 기간 생활비를 지급.

보험료는 어떻게 계산하나

보험료 계산 원칙

　보험료는 생명표에 따른 대수의 법칙을 적용한 확률계산을 기초로 하여 보험 계약자가 납입하는 보험료 총액과 보험회사가 지급하는 보험금 총액이 동일하도록 해야 한다. 즉 보험료에 의해 형성되는 책임준비금과 수입과 지출이 균형을 이루는 수지상등의 원칙에 입각해 계산되어야 한다.
　보험료 계산에 영향을 미치는 요인은 보험료율, 보험회사의 사업비, 다른 대체 위험관리 비용, 보험회사의 경영목표와 영업방침 및 전략, 보험회사 상호간의 경쟁 정도 등이 있다.

보험료 계산의 기초요소

보험회사는 예정 위험률, 예정 이율, 예정 사업비율의 세 가지 예정률을 기초로 해 보험료를 계산한다.

1) 예정 위험률(예정 사망률)

예정 위험률이란 한 개인이 보험사고(사망, 질병)를 당할 확률을 통계적으로 예측한 것을 말한다. 예를 들면 한 개인이 특정 시점에 사망할 확률을 미리 예측해 보험료 계산에 적용하는 사망률을 예정 사망률이라 한다. 예정 위험률이 높아지면 사망보험료는 비싸지고, 생존보험료는 싸진다.

2) 예정 이율

보험회사가 미래 보험금을 지급하기 위해 계약자가 납입한 보험료를 운용해 얻을 수 있는 기대수익률을 미리 계산해 일정한 비율로 보험료를 할인한다. 이때 할인율을 예정 이율이라고 한다. 예정 이율이 높아지면 보험료는 싸진다.

3) 예정 사업비율

보험회사는 회사경영에 필요한 경비를 예상해 보험료에 포함시키고 있다. 이 경비의 구성비율을 예정 사업비율이라고 한다.

예정 사업비율이 높아지면 보험료는 비싸진다.

수지상등의 원칙

'수지상등의 원칙(principle of equivalence)'이란 유사한 유형의 보험 가입자가 납입하는 보험료의 총액과 보험회사가 지급하는 보험금과 회사 운영경비의 총액은 서로 일치하도록 보험료를 책정해야 한다는 원칙을 말한다.

따라서 보험 가입자 개인의 입장에서는 납입보험료와 지급받는 보험금이 차이가 있을 수 있으나, 보험회사의 전체적인 보험료 책정의 기준 원칙은 지급경비와 수익이 일치되어야 한다.

수지상등의 원칙에 의거한 계산 사례

가입자 연령 20세, 보험 가입자 수 1,000명, 사망보험금 1,000만 원
20세 남자 연간 사망자 수 1,000명당 1명
① 보험회사의 총 지출금액(1,100만 원)
 - 1년간 보험금 지급액 1,000만 원 × 1명 = 1,000만 원
 - 1년간 보험사 소요경비 100만 원
② 보험회사의 필요 수입액
1년간 총 지출금액 1,100만 원을 가입자 전원이 균등 분담함
따라서 11,000만 원 ÷ 1,000명 = 11,000원

사고나 사망의 보상금 계산방식

상실수익액

'상실수익액(喪失受益額)'이란 피해자의 사망 또는 장해로 인해 상실된 장래 발생 예정인 수익의 현재가액을 말한다. 상실수익액은 장래 총수익의 월평균 소득에서 기본 생활비와 소득세 등의 요소를 공제하고 앞으로의 취업 가능 월수를 계산해 중간이자를 공제한 후 지급한다.

생명이나 신체의 손상 등에 대한 손해배상을 산정할 경우 장래 취업이 가능한 소득을 추계하기 위한 상실수익액의 현재가치를 산정하는 방법에는 호프만 방식과 라이프니츠 방식이 있다.

라이프니츠 방식

라이프니츠 방식(Leibniz method)이란 생명이나 신체의 손상 등에 대한 손해배상을 산정할 경우 장래 취업이 가능한 소득을 추계하기 위한 중간이자를 복리계산에 의해 공제하는 방식으로, 현실적인 자산운용의 형태에 가까운 것이라고 할 수 있다.

즉 1년마다 이자를 원금에 가산해나가는 계산으로 상실수익의 현가(現價)를 산출하는 방식이다. 현재 받아야 할 채권의 가액을 X, 채권의 총액을 A, 변제(辨濟)기한까지의 연수를 n, 이율(법정이율이 적용된다)을 i라고 하면, $X = A/(1+i)^n$가 된다.

호프만 방식

호프만 방식은 단리법(單利法)에 의해서 중간이자를 공제하는 방식이다. 그러나 이는 첫째, 현재의 거래회사에서는 복리운용이 일반적이며, 둘째, 피해자의 취업 가능 기간이 장기에 이르는 경우에는 원금에서 생기는 이자액이 연간 수입을 초과한다는 불합리가 드러나고, 중간이자의 공제가 지나치게 작아서 피해자에게 유리한 반면, 가해자에게 가혹한 결과가 생긴다는 비판이 있어서 이것을 개선하는 방식으로 라이프니츠 방식이 고안되었다.

정액보험과 변액보험

최근 경기위축과 저금리 현상으로 변액보험의 판매량이 급증하고 있다. 이는 보험상품의 성격이 단순한 위험보장과 안전한 자금관리보다는 이제는 하나의 투자상품으로 투자수익률을 극대화하고자 하는 경향이 강해지고 있기 때문이다.

정액보험과 변액보험의 차이

정액보험(valued contract)은 보험금 지급사유가 발생할 때 손해의 유무 또는 정도의 대소를 불문하고 약정된 보험금을 지급하며, 대부분의 생명보험이 이에 해당한다. 즉 보험회사의 투자수익률과 관계없이 가입시점의 계약에 따라 일정한 보험금을 받는 상품이다.

변액보험(variable life insurance)은 보험 계약자가 납입한 보험료의 일정 부분을 별도의 계정에 편입해 펀드를 형성하고, 그 운용성과를 보험 계약자의 지분에 따라 분배하는 뮤추얼펀드형의 실적배당 보험상품을 말한다. 즉 보험회사가 유가증권 등에 투자해 그 수익률에 따라 받는 보험금이 변하는 상품이다.

구체적으로 말하면 보험 계약자가 납입한 보험료 중에서 위험보험료와 사업비(부가보험료)를 제외한 저축보험료(적립보험료)만을 따로 분리해 펀드를 형성하여 운용하고 그 실적을 배당해주는 장기 투자보험 상품이다. 변액보험은 그 형태에 따라 일반 변액보험, 변액유니버설보험, 변액연금보험의 세 가지 유형이 있다.

어느 쪽이 유리한가

보험에 가입하고자 할 때 정액보험과 변액보험 중 어느 쪽이 유리할까? 두 상품의 차이를 간단히 은행권의 상품으로 비교하면 정액보험은 확정금리형 상품이고, 변액보험은 실적배당형 상품이라고 할 수 있다. 따라서 가입시점에서 향후 증권시장의 상황 등을 예측해 결정해야 한다. 지속되는 물가상승 등을 생각하면 변액보험이 유리할 것 같고, 변동이 심한 증권시장을 생각하면 정액보험이 유리할 수도 있다.

  보험의 특성상 20년 이상 장기간 불입해야 하는 점을 생각하면 예금자 보호대상인 정액보험이 유리할 수 있다. 그러나 가입시점의 증시상황이 바닥이거나 인플레로 인한 화폐가치 하락을 생각하면 변액보험이 유리할 수도 있다. 따라서 주식이나 채권시장의 동향과 보험회사의 안정성 및 자산운용 능력 등을 감안해 결정해야 할 것이다.

변액유니버설보험이란 무엇인가

　지속되는 저금리 시대로 인해 은행권의 재형저축이나 정기예금에서 자금이 인출되어 적립식 펀드 판매기관인 은행이나 증권회사 등으로 몰리는 자금이 매월 2,000억~5,000억 원이나 되고 있다.
　그러는 한편 보험회사에서는 변액유니버설보험이 일반 적립식 펀드 못지않은 인기를 누리고 있다.
　변액유니버설보험은 1984년 미국에서 판매되기 시작한 이래 전 세계로 확대되어 계약고가 전체 보험 계약고의 30% 이상을 차지하면서 현재 가장 인기 있는 보험상품으로서의 지위를 누리고 있다.

변액유니버설보험이란

변액유니버설보험(Variable Universal Life Insurance, VUL)이란 변액보험의 장점인 실적배당 기능과 유니버설보험의 장점인 단순한 상품구조 및 자유입출금 기능을 혼합한 원스톱 서비스 종합 금융형 보험 투자상품이다. 여기서 변액보험이란 보험 가입자로부터 받은 보험금을 별도의 계정으로 구분해 유가증권 등에 투자하고 그 운용실적을 계약자에게 배당해주는 실적배당형 상품이고, 유니버설보험은 보험료를 자유롭게 납부하고 수시로 출금할 수 있는 기능을 가진 상품이다.

변액유니버설보험은 이와 같이 두 상품의 장점에 고객의 다양한 니즈를 반영해 은행의 입출금 기능, 투자신탁의 투자기능, 보험의 보장기능을 하나의 상품으로 만든 종합 금융상품이라고 할 수 있다.

변액유니버설보험의 특징

- 중도인출 기능 : 목적자금이 필요한 경우 해약 환급금의 50% 범위 내에서 적립금의 중도인출이 가능하다.
- 보험료 납입기간 자율 : 18~25회 납입 이후 보험료 납입을

일시 중단할 수 있다. 단, 이 경우 위험보험료와 제반 수수료는 계약자 적립금에서 공제한다.

- 세제혜택 : 10년 이상 경과시 보험차익에 대해 비과세 혜택이 주어지며, 보험료는 최고 100만 원까지 소득공제가 가능하다.
- 투자기능 : 운용실적에 따라 보험금이 변동되는 투자기능을 가지고 있다.
- 보험기능 : 사망보장금이 지급되는 종신보험 기능을 가지고 있다.
- 은행기능 : 보험료 납입과 출금이 자유로운 은행기능을 가지고 있다.
- 상속기능 : 목적자금 활용 후 계약자를 변경할 수 있는 상속기능을 가지고 있다.

일반 정액보험과 비교

정액보험이 보험회사의 운용성과에 관계없이 일정한 보험금을 받는 상품인 반면, 변액보험은 보험금이 유가증권 등에 투자한 결과인 운용수익률에 연동하는 상품이다.

변액유니버설보험은 기존의 다른 상품에 비해 매우 우수한 상

변액유니버셜보험과 펀드투자 비교

구분	변액유니버셜보험	펀드
성격	엄브렐러펀드 + 보험	간접투자인 펀드
원금손실 여부	실적배당이므로 손실 가능	손실 가능
비과세 여부	10년 이상 가입시 비과세	과세 원칙(비과세는 예외)
수수료	가입시 사업비 공제, 10년 이내 해약시 해약환급금 납입	환매 제한기간 이내 환매시 환매수수료 부과

품이다. 그러나 다음과 같은 단점도 있으므로 가입할 때 유의해야 한다.

1) 장기 투자 필요

이 상품은 장기성으로 운용되는 자산운용 구조를 가지고 있다. 따라서 보험의 성격상 초기 사업비 부분이 많이 지출되어 단기 목적으로 가입할 경우 원금손실의 폭이 매우 크다. 왜냐하면 회사운영에 필요한 자금을 보험금에서 미리 공제한 이후에 운용되므로 이 금액을 만회하기 위해서는 10년 이상의 장기 투자가 필요하다.

2) 종신보험의 성격

이 보험은 가입기간이 정해지지 않은 종신보험의 형태라고 생각해야 한다. 따라서 장기성 상품이므로 10년 이내에 해약할 때는 15.4%의 소득세(주민세 포함)를 납부해야 한다.

3) 원금손실 가능

이 상품은 기본적으로 유가증권 등의 자산에 운용되므로 투자원금이 보장되지 않는 투자형 상품이다. 따라서 예금자 보호가 되지 않는 상품이라 하겠다.

방카슈랑스란 무엇인가

방카슈랑스란

'방카슈란스(bancassurance)'란 프랑스어의 '은행(banque)'과 '보험(assurance)'의 합성어로서 은행이 보험회사와 연계해 보험 성격이 강한 상품을 개발해 판매하는 것을 말한다. 이는 프랑스 등 선진 금융기관에서 개발된 개념으로, 우리나라에서는 2003년 9월 1일부터 시행되었다.

일반적으로 방카슈랑스는 은행 점포망을 통한 보험상품 판매로 이해해왔으나, 최근에는 은행 고객에게 은행 고유상품 이외에 증권, 보험 및 이들을 합성한 수익증권 등의 상품을 판매하는 서비스를 의미하기도 한다.

보험업무를 취급하는 금융기관은 보험대리점업으로 등록하고 보험업무를 할 수 있는 금융기관으로, 은행, 증권회사, 상호저축은행, 산업은행, 기업은행, 신용카드회사에 한한다.

방카슈랑스의 장점

은행에서 보험상품을 구입할 경우 다음과 같은 장점이 있다.

첫째, 2~3% 이상 저렴한 가격으로 구입할 수 있다. 이는 유통단계 축소로 인해 보험설계사에게 지급되는 유통마진을 절감할 수 있기 때문이다. 그러나 실제로는 이론처럼 그렇게 저렴하지 않고 은행의 수익으로 들어가기도 한다.

둘째, 은행 고객의 경우 원스톱 금융 서비스를 받을 수 있다. 즉 은행 창구 한 곳에서 예금, 대출, 외환, 증권, 수익증권, 보험 등 금융기관의 업무를 한꺼번에 처리할 수 있다. 따라서 여러 금융기관을 다니며 번거롭게 업무를 처리할 필요가 없다.

방카슈랑스의 단점

은행에서 조회가 가능한 보험계약은 그 은행에 가입한 보험계약에 한정되며, 이에 대한 서비스도 해당 은행에 한정된다. 그리고 보험사고가 발생했을 경우 보험금을 지급받기 위해서는 사고조사를 받아야 하고, 보험금 청구도 은행이 아닌 해당 보험사에 직접 가서 신청해야 한다

단계별 판매 가능 상품

방카슈랑스 판매상품은 2년 단위로 3단계에 걸쳐서 실시된다. 1단계부터 가입할 수 있는 상품은 저축성 보험, 가계성 보험으로 한정된다.

방카슈랑스 단계별 보험상품 허용범위

구분	생명보험	손해보험
제1단계 (2003년 9월 1일 이후)	• 개인 저축성 보험(개인·일반연금, 교육보험, 생사 혼합보험, 기타 개인 저축성) • 신용생명보험(35.1%)	개인연금, 장기 저축성 보험, 화재(주택), 상해(개인), 종합보험, 신용상해보험
제2단계 (2005년 4월 1일 이후)	개인 보장성 보험 중 제3분야 보험(상해, 간병, 질병보험)(31.8%)	개인 장기 보장성 보험 중 제3분야 보험
제3단계 (2008년 4월 1일 이후)	완전허용(퇴직, 단체보험 등)	자동차보험, 기타 완전 허용

보험계약서 작성 요령

보험계약서 작성

보험가입을 결정한 후에는 보험청약서를 작성해야 한다. 이 경우 청약서상의 각종 질문에 대해 계약자 본인이 사실대로 기재해야 한다.

특히 계약서에 기재하지 않고 설계사와 구두로 말한 내용은 전혀 효력을 발휘할 수 없다. 만일 내용을 허위로 기재하거나 부실하게 기재했을 경우 계약이 해지되거나 보상되지 않는 경우가 있으니 유의해야 한다.

보험약관과 보험청약서 확인

보험약관을 교부받은 후에는 약관내용을 보아야 하고, 그 중 보험금을 지급하지 않는 경우의 내용을 반드시 확인해야 한다. 그리고 보험청약서 사본을 반드시 보관하고 추후 수령한 보험증서의 계약내용과 일치하는지 여부를 확인해야 한다.

만일 보험약관 내용과 보험증서와 내용이 다를 경우 그 내용을 보험회사에 알려서 정정해야 한다.

회사 명의 영수증 수령

보험료를 납부할 경우 보험회사 대표의 인감이 날인된 회사 명의의 영수증을 발급받아야 한다. 그리고 무통장 입금할 경우에는 반드시 회사 명의의 계좌로 입금해야 한다.

만일 회사 명의의 영수증이 아닌 보험설계사나 지점 명의의 영수증을 받으면 사고가 발생했을 때 보상을 받을 수 없는 경우가 발생할 수 있으므로 유의해야 한다.

보험약관이나 청약서 수령

보험 가입자가 보험약관이나 청약서 부본을 받지 못했거나 중요한 내용을 받지 못한 경우 청약일로부터 3개월 이내에 계약을 취소할 수 있다. 이 경우 보험회사는 기 납입보험료와 경과기간에 대한 이자를 가산해 반환해야 한다.

보장성 보험과 저축성 보험의 차이

보험에 가입하면 보험상품에 따라 보험기간이 지난 뒤에 돈을 더 받을 수도 있고, 덜 받을 수도 있다. 이러한 차이가 발생하는 것은 매달 또는 매년 납입하는 보험료가 다르기 때문이다. 보험에는 크게 보장성 보험과 저축성 보험이 있다. 우리가 일반적으로 보험이라고 생각하는 것이 바로 보장성 보험이며, 저축성 보험은 보험의 성격과 저축의 성격이 섞여 있는 보험이다.

보장성 보험

보장성 보험(coverage insurance)이란 피보험자에게 보험사고가 발생했을 경우 그 사고에 대한 보상을 위한 보험이다. 이는 보험의 고유기능인 위험에 대한 보장보험으로서 보험기간이 끝난 뒤 보험 가입자가 받는 돈이 보험 가입자가 낸 보험료에 미치지 않는 보험을 말한다.

보장성 보험은 저축기능은 없고 보장을 위주로 했기 때문에 사고발생시 보장액수가 큰 대신 만기 시점에 환급금이 거의 없다고 보면 된다.

예를 들면 자동차보험의 경우 만기 시점에 환급금이 전혀 없는 완전 보장성 보험이라고 할 수 있다. 그리고 사고가 없어도 그냥 없어지는 자동 소멸성 보험이므로 정부에서는 연간 납입한 보험료의 일정 범위 내에서 소득공제 혜택을 주고 있다.

저축성 보험

저축성 보험(saving insurance)이란 보험 본래의 기능인 위험보장 기능에다 재산증식의 기능을 추가한 보험이다. '보험도 저축'이라는 생각에서 납입원금에 대한 보장의식이 강한 우리 정서를 반영한 상품이다. 따라서 보험기간이 끝난 뒤 보험 가입자가 받는 돈이 보험 가입자가 낸 보험료보다 더 많은 보험이다.

일반 저축성 보험의 경우 만기 시점에 이자와 원금이 보장되지만, 실제로 만기가 되어 보험금을 수령할 때면 적지 않은 실망을 하게 된다. 기대했던 이자가 너무 적기 때문이다. 그렇다고 해서 보장범위도 그리 넓지 않다(단 1999년 이전에 가입했던 저축성 보험은 연 10%에 가까운 고금리 상품으로 예외다). 그러므로 저축성 보험은 가입하지 않는 것이 좋다.

보장성·저축성 보험

보험료는 '보장보험료 + 적립보험료'로 구성되어 있다. 보장보험료는 보장하는 담보마다 매월 소멸되는 부분이고, 적립보험료는 매월 적립되는 부분이나 설계사의 수당, 회사의 사업비 등이 공제되고 적립되는 부분이다. 만기가 되었을 때 100% 환급되지 않는 이유도 이렇게 소멸되는 부분이 있기 때문이다.

보장성 보험과 저축성 보험 중에서 보장성 보험은 이렇게 보장 보험료의 소멸되는 부분이 크기 때문에 환급률이 낮고, 저축성 보험은 보상담보가 적어(대부분 사망의 경우에만 보상) 적립부분이 크기 때문에 환급률이 높다.

그러나 보장성 보험 가입이 중요한 이유는 보험에 가입해야 불의의 사고와 질병에 대비할 수 있기 때문이다. 매월 약간의 보험금을 냄으로써 이런 위험을 방지해주는 보장성 보험이야말로 우리에게 고마운 존재라 할 수 있다. 그런데 보장성 보험의 대명사인 종신보험은 보험료가 상당히 비싼 것이 흠이다.

　마지막으로 좀더 싸게 보험에 가입하는 요령이 있다. 보험설계사를 통해 오프라인으로 가입하는 것도 좋지만 인스밸리(www.insvalley.com)나 모네타(www.moneta.co.kr) 등 인터넷 보험사를 통해 가입하면 오프라인으로 가입하는 것보다 10% 정도 싸게 가입할 수 있다.

　보험은 그 특성상 20~30년간 납입하기 때문에 보험료 차이가 많게는 몇 백만 원 이상 날 수도 있으므로 꼼꼼하게 따져보고 가입하자.

자동차보험료 절약방법

거의 모든 가정에서 가입하고 있는 자동차보험은 가입자들이 조금만 관심을 기울인다면 보험료 부담을 크게 줄일 수 있다. 자동차보험에 다양한 특약이 부가되어 있으며, 보험요율도 보험사 자율로 정하게 되어 있기 때문이다.

따라서 자동차보험에 가입할 때는 본인에게 맞는 보장내용을 선택하고 보험료를 할인받을 수 있는 각종 특약 및 차량 부속장치를 알아두어야 유리하다.

또한 가입시점에는 반드시 여러 보험회사의 견적을 받아 보험료를 비교해 자신에게 가장 유리한 회사에 가입하는 것이 보험료 절약의 지름길이다.

- 차량을 운전하는 범위를 최소 인원으로 하면 최고 35%를 절약할 수 있다. 만약 운전자의 범위를 1인으로 한정한다면 65% 수준으로 절약이 가능하기 때문이다.
- 운전자 연령특약 선택은 나이가 많을수록 싸며 43세 이상이면 최고 30% 수준까지 절약이 가능하다.
- 차량에 설치된 옵션장치에 따라 보험료가 내려가며, 최고 10%를 절약할 수 있다. 신차 출고시에 기본 사양으로 장착된 것뿐만 아니라, 출고 후 정비공장에서 개별적으로 장착한 것도 보험료가 할인된다. 예를 들어 ABS, 에어백, 도난방지 장치, 자동변속기(오토)가 장착되어 있다면 할인을 받을 수 있다. 옵션에 따른 할인율은 보험회사에 따라 적용 유무가 다를 수도 있다.
- 자동차보험 가입금액을 자신에게 맞게 설계하라. 일반적으로 자동차보험에 가입할 때 작년과 같은 내용 또는 설계사가 하라는 대로 하는 경우가 많다. 자기 차량 손해는 보장금액이 적은데도 불구하고 보험료가 비싼 편이다. 그리고 대물배상은 자기 차량 손해에 비해 보험료가 저렴한 편이다. 자동차보험 담보의 보험료가 높은 순서는 다음과 같다(신규이며 중형차인 경우).

자기 차량 손해 〉대인 I 〉대물 〉대인 II 〉자기 신체 사고 〉무보험차 상해

- 자신의 차량 연식이 오래됐거나 차량 가격이 아주 낮을 경우에는 자기 차량 손해 담보를 가입할 필요는 없다. 오래된 중고차가 사고난 경우라면 수리보다는 폐차하는 것이 유리할 수도 있기 때문이다. 따라서 이것만 잘 판단해도 보험료 10~25만 원 정도 절약이 가능하다.
- 현재 시중에 고가의 외제 차량이 많으므로 대물담보로 1억 원 수준을 가입하는 것이 유리하다. 대물 3,000만 원 담보 가입 후 외제 차량과 접촉사고가 났을 때 수리비가 5,000만 원 나왔다면 대물담보에서는 3,000만 원만 보상되고 나머지 2,000만 원은 본인이 자비로 부담해야 한다.

  따라서 대물담보는 1억 원 이상으로 하는 것이 안전하다. 또한 대물담보 3,000만 원과 1억 원의 실제 보험료 차이는 불과 1만 원 정도밖에 나지 않으므로 반드시 1억 원 이상으로 하는 것이 필요하다.
- 보험가입 경력에 따라 보험 절약효과가 크며, 최고 30%를 절감할 수 있다. 자동차보험에서 보험경력은 순수 자동차보험 가입경력만 인정하는 것이 아니다. 보험가입 경력과 동일하게 인정해주는 경우는 다음과 같다. 그러나 총 합계기간이 3년이 초과된 경우에는 3년 이내의 것만 인정된다.

  - 관공서나 법인체에서 운전직 종사자로 근무했던 기간
  - 군에서 운전병으로 복무한 경력

- 외국에서 자동차보험 가입 경력자로 가입기간
- 오토바이 책임보험 및 종합보험 가입 경력자로 가입기간

• 자기 차량 손해에서 자기 부담금을 활용하라. 자기 부담금이란 차량사고시 보험 가입자가 일정한 금액을 부담하고 나머지는 보험회사가 부담하는 제도이다. 자기 차량 손해의 보험료 비중이 크므로 자기 부담금에 따라 보험료 차이가 크다. 자기 부담금 비중이 큰 금액일수록 보험료가 할인된다. 보험 가입 경력 및 할인요율이 낮은 경우에는 자기 부담금 '0원'을 선택하는 것도 지혜로운 방법이다.

• 보험가입 후 운전자 최소 연령이 변경되면 환급을 받아라. 운전자 연령으로 인한 환급의 경우는 자녀가 운전할 수 있는 보험으로 가입 후 자녀가 군입대, 유학을 간 경우와 자녀가 운전할 수 있는 전 연령 특약으로 가입 후 자녀의 나이가 만 21세가 된 경우이다.

• 자동차 보험료는 분납으로 하지 말고 일시납으로 하라. 그러면 최고 1.5% 할인된다. 분할할 경우 1회(첫회) 보험료에 책임보험과 대물보험료가 포함되어 전체 보험료의 70% 이상을 차지하게 된다. 일시납 보험료 납부방법은 자동차보험 실효로 인해 보상이 되지 않는 경우도 방지할 수 있을 뿐더러 계속해서 납부하는 번거로움도 없다.

• 자동차 보험료는 신용카드로 결제하라. 현금으로 결제할 경

우와 신용카드로 결제할 경우 보험료는 동일하다. 그리고 신용카드사의 무이자 할부제도를 이용하는 것도 생활의 지혜이다.

- 안전운전과 교통법규 준수는 가장 중요한 안전운전으로 사고를 피하는 것이다. 사고 유무에 따른 보험료 할인·할증제도가 있다. 무사고 1년에 10%씩 할인받아 최고 60%까지 할인받을 수 있으므로 보험사고가 7년 이상 없으면 할인적용률은 40%까지 내려간다.

  반대로 보험사고가 많으면 1~2년 만에도 할증적용률이 최고 250%까지 올라간다. 그리고 교통법규를 위반하면 보험료가 할증된다. 협회에 따르면 무면허, 뺑소니의 경우 보험료 할증률을 현행 10%에서 30%로 인상하는 내용을 발표했다. 교통법규 위반은 '범칙금 + 벌점 + 보험료 인상'의 삼중처벌이므로 반드시 피해야 한다.

- 중고차를 구입할 때는 연식을 신중히 고려하라. 자동차보험의 보험료에서 자기 차량 손해 담보의 비중이 크다. 자기 차량 손해 담보의 보험료 결정요소는 바로 차량 연식이다. 동일 차량이라도 오래된 차일수록 보험료는 비싸다. 따라서 중고차를 구매할 때는 신차에 가까운 연식일수록 보험료 절감 효과가 있다.

- 자동차 배기량에 따라 보험료가 다르다. 자가용 승용차의 경

우 배기량에 따라 보험료가 다르게 적용된다. 물론 배기량이 적은 차일수록 보험료가 낮게 적용된다. 배기량이 적은 차량은 보험료가 저렴할 뿐 아니라 기름값도 적게 든다.

인터넷에서 보험 싸게 가입하는 방법

인터넷을 통한 보험가입은 가입의 편리함, 저렴한 보험료, 여러 종류의 보험을 한눈에 비교하는 등 직접 자신의 보장사항을 선택해 가입할 수 있는 여러 가지 장점이 있다. 따라서 인터넷을 통한 보험가입은 보험가입 요령 몇 가지만 유의하면 일반적인 보험가입보다 오히려 유리한 점이 훨씬 많다.

어떤 유형의 보험에 가입할 것인가

인터넷을 통해 보험에 가입할 경우 가장 먼저 고려해야 할 것이 '어떤 유형의 보험에 가입해야 할 것인가' 하는 문제이다. 보험이란 피보험자의 갑작스런 사망, 각종 사고위험, 병원치료 등 발생 가능한 가정의 위험을 관리하는 상품이다. 간단한 예로 집안의 경제를 책임지고 있는 가장이 불의의 사고를 당할 경우 가족의 생계문제가 걱정된다면 종신보험 가입을 고려해야 할 것이다. 또한 가족 중에 여러 사람이 암에 걸린 경험이 있다면 암보험 가입을 우선적으로 고려해야 할 것이다.

그러므로 사람에 따라 필요한 보험이 각각 다르다. 자신의 환경이나 경제력 등의 여러 가지 상황을 면밀히 검토해 자신과 가정에 가장 필요한 보험이 어떤 보험인지, 그리고 어느 정도의 보험료 수준이 적당한지 등을 우선적으로 고려해야 한다.

어디에서 보험에 가입할 것인가

어떤 유형의 보험에 가입할 것인지 결정한 후에는 '어디에서 보험에 가입할 것인가'를 결정해야 한다. 예를 들어 암보험에 가입하려는 고객이 있다면 같은 상품이라 하더라도 홈쇼핑, 각종 광고, 설계사 등 다양한 방법을 통한 가입이 가능하다.

보험상품의 경우 일반상품과는 달리 수십 년간 보험료를 납입해야 하고 가족의 행복을 담보로 하는 매우 중요한 상품이므로, 다른 상품과 철저히 비교하고 상품내용을 꼼꼼히 확인한 후 가입하는 것이 좋다.

　인터넷을 통해 가입하면 여러 보험사의 다양한 상품정보를 한눈에 비교할 수 있기 때문에 객관적인 상품 선정이 가능한 장점이 있다.

　인터넷을 통해 가입할 때 고려할 만한 곳으로 보험사의 홈페이지와 전문 보험쇼핑몰을 들 수 있다. 두 가지 모두 인터넷으로 보험가입이 가능하다는 점은 같지만, 보험사 홈페이지의 경우 해당 보험사의 상품에 한해 상품정보 제공 및 판매를 하고 있으며, 전문 보험쇼핑몰의 경우 여러 보험사의 다양한 상품을 한 곳에 모아놓고 가입한다는 점에서 차이가 있다.

　인스밸리를 비롯한 몇몇 보험쇼핑몰에서는 다양한 보험사의 수많은 상품에 동시에 가입할 수 있고, 다양한 상품비교 정보까지 상세하게 제공하므로 객관적인 상품비교가 가능한 장점이 있다.

어떻게 비교할 것인가

　인터넷에서 보험에 가입할 경우 가장 중요한 것이 바로 상품선택 요령이다. 이때 중요하게 고려해야 할 요소로는 크게 보장내용, 보험료, 보험사 정도를 들 수 있다.

　첫째, 보장내용을 자세하게 살피고, 특히 보장금액에 현혹되는 잘못을 범하지 말아야 한다. 만약 '1억 보장'이란 말이 있다면, 무엇에 대해 1억을 보장한다는 말인지 그 내용을 반드시 검토해야 한다.

둘째, 보험료를 고려해야 하는데, 보험료가 싸다고 해서 반드시 유리한 보험은 아니다. 보험상품의 가격이란 일반상품과는 달리 눈에 보이지 않는 무형의 조건으로 가격책정이 되어 있어 일반인들에게는 어려운 점이 있다. 그러나 몇 가지 사항만 알고 나면 그다지 어려운 문제는 아니다.

보험료를 구성하는 요소는 예정 위험률, 예정 이율, 예정 사업비율의 세 가지가 있는데, 이 중에서 소비자의 입장에서 고려해야 할 것은 예정 이율과 예정 사업비율이다.

먼저 예정 이율이 높으면 고객이 낼 보험료는 싸지고, 예정 이율이 낮아지면 보험료는 비싸진다. 그러므로 같은 조건이면 예정 이율이 높은 상품이 유리한 상품이라는 점을 잊지 말자. 그리고 예정 사업비는 보험사에서 사용하는 경비로서, 예정 사업비를 적게 책정할수록 보험료가 싸지고, 많이 책정할수록 보험료가 비싸진다. 그러므로 예정 이율과 반대로 예정 사업비율이 낮은 상품이 고객에게 유리하다.

예정 사업비 지수를 보는 방법은 보험업계 전체의 예정 사업비 평균을 100으로 볼 때 100 미만의 숫자는 예정 사업비를 업계 평균보다 적게 책정한 것이고, 100을 초과하면 예정 사업비를 업계 평균보다 많이 부과한 것이다.

셋째, 보험사 선정 또한 보험가입에 있어서 중요한 고려사항이다. 고객에게 중요한 것은 보험금 지급사유가 발생했을 때 보험회사가 제때 보험금을 지급할 수 있는가 하는 점이다. 이러한 것을 보험회사의 지급여력(solvency margin)이라 하는데, 지급여력이 높을수록 보험사의 경영이 안정되었다고 볼 수 있으며, 지급여력 비율이 높은 보험사가 안정적이라고 볼 수 있다.

그리고 안정성 및 민원의 발생빈도가 얼마나 많은지 등 여러 가지 사항을 참고해 결정하는 것이 좋다. 단, 변액보험의 경우 복잡한 상품구조 및 투자 리스크에 대한 자세한 설명이 요구되는 상품이므로 전문가에게 자세하게 상담한 후 최종 가입을 결정하는 것이 좋다.

나는 어떤 보험에 가입할 것인가

막상 보험에 가입하려고 하면 어떤 보험에 가입해야 할지 고민하게 된다. 모든 사람이 보험에 가입하면 좋겠지만 우선 본인의 신분에 맞추어 가장 유리한 보험을 선정해 가입하는 것이 중요하다.

가정경제의 중심인 가장

가정경제에서 가장은 가정의 소득을 창출하는 주체이다. 따라서 소득이 발생해야 할 시기에는 가장의 급작스런 사망이나 사고로 인해 가정경제가 파탄에 이르는 경우에 대비해 유족보장을 할 수 있는 종신보험이 필요하며, 퇴직으로 인해 소득이 발생하지 않는 시기에는 본인과 배우자의 노후생활을 위해 연금보험이 필요하다.

가장의 배우자

배우자 또한 연금보험을 별도로 준비해야 한다. 일반적으로 여자인 배우자는 가장인 남자보다는 보통 2~3년의 연령 차이가 있고 평균 수명이 길기 때문에 남편 사별 후 혼자 사는 기간이 평균 8~9년 정도 된다. 따라서 보다 안정적인 경제생활을 위해 연금가입뿐만 아니라 연금보험에 가입하는 것도 고려해보아야 한다.

젊은 미혼남녀

연금보험은 미래 노후를 위한 가장 우수한 저축수단이다. 나이 들어 준비하면 부담해야 할 비용은 많고 받게 되는 연금액은 적기 때문에, 보험료가 낮은 젊은 시기에 미리 이에 대비하는 것이 부담도 적고 혜택도 많다.

퇴직금이 없는 자영업자

자영업자는 월급 생활자와는 달리 별도의 퇴직금이 없다. 따라서 별도의 소득공제가 없는 자영업자는 일반 연금보험에 가입하는 것이 유리하다. 그 이유는 자영업자는 소득이 일정하지 않기 때문에 연납보다는 일시납이 가능하기 때문이다.

고정소득이 없는 퇴직자

퇴직금이나 별도의 뚜렷한 노후대책이 없는 퇴직자는 퇴직금의 전부 또는 일부를 납부하고 즉시 연금으로 받을 수 있는 즉시연금이 적당하다.

연말정산시 소득공제 받을 수 있는 보험

건강보험, 고용보험, 보장성 보험

연말정산의 특별공제 중에서 보험료 소득공제를 살펴보면 국민건강보험과 고용보험료는 본인 부담금 전액이 공제되며, 장애인 전용 보장성 보험료는 연간 100만 원 한도, 보장성 보험료는 연간 70만 원을 한도로 적용된다.

국민건강보험료 전액과 고용보험료 전액에 대해서는 보험료 납입증명서를 낼 필요 없이 직장인의 경우 직장에서 자동적으로 보험료 공제를 해준다.

장애인 전용 보장성 보험이란 기본 공제 대상자 중 장애자를 피보험자 또는 수익자로 하는 보험 중 만기 환급액이 납입보험료

보다 적은 경우를 말한다.

보장성 보험료는 근로자가 본인 또는 배우자(가족)를 피보험자로 해 보장성 보험에 가입해 보험료를 납입하는 경우에 해당된다. 보장성 보험이란 최근 인기를 끌고 있는 종신보험을 비롯해 정기보험, 암보험, 건강보험, 상해보험, 어린이보험(교육보험 제외), 손해보험, 자동차보험 등 만기에 타는 보험금이 납입보험료를 초과하지 않는 보험을 말한다.

보장성 보험의 소득공제는 보험료 납입증명서상에 보험료 공제대상이라고 표시된 것만 공제해준다. 일반적으로 보험에는 보장부분이 있기 때문에 개인연금보험이나 연금저축보험에 가입한 경우에도 특약보험료에 대해서는 보험료 공제를 받을 수 있다.

연금보험

연금보험료 소득공제는 국민연금법에 의한 연금보험료, 공무원연금법, 군인연금법, 사립학교교직원연금법 등에 따라 근로자가 부담하는 기여금 또는 부담금은 2007년부터 한도 없이 전액 공제된다.

개인연금보험

2000년 12월 말까지 판매되었던 개인연금보험에 가입한 사람은 연말정산시 연간 납입액의 40%(연 72만 원 한도)에 대해 소득공제가 가능하다. 그리고 2001년 1월 1일 이후 연금저축에 가입했다면 별도로 연간 납입보험료의 전액(연 240만 원 한도)이 소득공제된다.

따라서 기존의 개인연금보험 가입자가 추가로 연금저축보험에 가입했거나 지금이라도 가입하면 최대 연 312만 원(72만 원 + 240만 원)까지 소득공제 혜택을 받을 수 있다. 연말정산시 보장성 보험료 소득공제와 개인연금보험, 연금저축보험 소득공제 서류는 연말에 보험사에서 우편으로 발송해준다.

현재 건강한 사람이라도 연금저축보험의 종신연금형에 가입하면 다른 금융권과 달리 종신 동안 연금을 받을 수 있어 유리하다. 또한 암보험은 저렴한 보험료로 암진단시 고액의 보험금을 받을 수 있으며, 보장성 보험료 소득공제 혜택을 받을 수 있다.

퇴직연금제도

퇴직연금제도의 의의

퇴직연금제도란 기업이 근로자의 노후 소득보장과 생활안정을 위해 근로자 재직기간 중 퇴직금 지급재원을 외부의 금융기관에 적립해 기업 또는 근로자의 지시에 따라 운용하고, 근로자 퇴직 시 연금 또는 일시금으로 지급하는 기업 복지제도이다.

퇴직연금제도 도입의 임의성

사용자는 퇴직급여제도(퇴직금제도, 퇴직연금제도) 중 하나 이상의 제도를 설정해야 한다. 따라서 기존 퇴직금제도를 반드시 퇴직연금제도로 전환해야 하는 것은 아니며, 기존의 법정 퇴직금제도를 그대로 유지하는 것도 가능하다.

다만 퇴직연금제도로 전환(신설 사업장은 선택)하기 위해서는 근로자 대표의 동의가 필요하다. 당해 사업에 근로자의 과반수로 조직된 노동조합이 있는 경우에는 그 노동조합, 근로자의 과반수로 조직된 노동조합이 없는 경우에는 근로자의 과반수, 또한 사용자가 퇴직급여제도를 설정하지 아니한 경우에는 퇴직금제도를 설정한 것으로 간주한다.

퇴직보험, 퇴직신탁과의 관계

새로운 사업장은 2005년 12월 1일부터 퇴직보험 및 퇴직신탁에 가입할 수 없으며, 기존 가입 사업장의 경우도 2010년 12월 31일까지만 효력을 갖게 된다.

기존 가입 사업장의 경우 2010년 12월 31일까지 신규 및 누락 근로자 등에 대한 추가불입이 허용되며, 퇴직보험 상품의 변경, 퇴직보험 수탁 금융기관의 변경 등도 가능하다. 따라서 퇴직보험, 퇴직신탁 가입 사업장은 가능한 한 퇴직연금으로 전환하는 것이 바람직하다.

퇴직연금제도의 종류

1) 확정급여형 퇴직연금제도(Defined Benefit Retirement Pension, DB)

근로자가 퇴직할 때 받을 퇴직급여가 근무기간과 평균 임금에 의해 사전에 확정되어 있는 연금제도이다. 사용자가 부담(적립)할 금액은 적립금 운용 결과에 따라 변동하며, 임금인상률, 퇴직률, 운용이익률 등 연금액 산정의 기초가 변하는 경우 사업주가 그 변동위험을 부담한다.

2) 확정기여형 퇴직연금제도(Defined Contribution Retirement Pension, DC)

사용자가 매년 근로자 임금의 1/12을 부담금으로 근로자의 개인계좌에 납부하고, 근로자가 적립금의 운용방법을 결정하는 연금제도이다. 적립금의 운영성과에 따라 퇴직 후 연금 급여액이 변동하므로 그 위험을 근로자가 부담하게 된다.

3) 개인퇴직계좌(Individual Retirement Account, IRA)

근로자가 퇴직 또는 직장을 옮길 때 받은 퇴직금을 자기 명의의 퇴직계좌에 적립해 연금 등 노후자금으로 활용할 수 있도록 하는 제도이다. 개인퇴직계좌는 퇴직일시금 수령자가 가입할 수 있으며, 적립금 운용 및 급여 지급방법 등은 확정기여형 연금제도를 준용하고 있다.

특히 상시 근로자 10인 미만 사업장의 경우 사용자가 근로자를 개인퇴직계좌에 가입시키고 확정기여형과 동일하게 운영한 경우에는 퇴직급여제도를 설정한 것으로 간주해, 사용자의 퇴직급여제도 관리업무 부담이 경감되도록 하고 있다.

퇴직연금제도의 필요성

1) 저출산, 고령화 대비

저출산 고령화가 급격하게 진행됨에 따라 은퇴 후의 기간이 장기화되는 반면, 노년층을 부양할 젊은 세대는 감소하고 있으므로 노후생활에 대한 체계적이고 종합적인 대비책이 필요하다.

우리나라는 65세 이상 인구비율이 지난 2000년에 7.2%에 이르러 '고령화사회'에 들어섰으며, 향후 2018년에는 이 비율이 14.3%가 되어 '고령사회'에 진입하고, 2026년에는 20.8%가 되어 '초(超)고령사회'에 도달할 것으로 전망되고 있다.

또한 합계출산율은 1994년 1.67명 → 2000년 1.47명 → 2004년 1.16명으로 지속적으로 감소하는 추세를 보이고 있다. 합계출산율이란 여자 1명이 가임기간(15~49세) 동안 낳는 평균 출생아 수를 말한다.

2) 새로운 근로환경에 대비

근로자의 조기 퇴직 및 잦은 이직 등으로 인해 전체 임금근로자의 평균 근속연수가 4.3년에 불과하는 등 평생직장의 개념이 사라지고 있으므로 근로자 스스로 노후생활에 대해 적극적인 관심을 갖고 준비할 필요가 있다.

3) 기존 퇴직금제도의 개선

- 일시금 지급이 대부분이고 중간정산 확산 등으로 인해 노후 소득 보장기능이 미흡하다.
- 사내 유보가 일반적이므로 기업이 도산할 경우 근로자의 수급권이 제대로 보호받지 못한다.
- 5인 이상 사업장에만 적용됨으로써 영세 소기업 근로자에게는 적용되지 않는다.
- 장부상의 퇴직금 부채가 누적되어 구조조정시 기업의 일시금 부담을 가중시킨다.

노후관리를 위한 주택연금제도

핵가족화의 진전과 자녀들의 부모부양 기피 현상으로 노인들의 생계비 조달이 국가적인 문제로 대두되었다. 이를 위해서 정부에서는 주택금융공사가 주택을 보유한 노인들의 주택에 대한 보증을 하고 금융기관으로부터 연금 형식으로 차입하는 주택연금제도를 실시하고 있다.

주택연금이란

노인들의 생계비 조달수단으로, 현재 살고 있는 집을 담보로 맡기고 대출금액을 일시에 받는 것이 아니라 일생 동안 연금 형식으로 나누어 받는 금융상품이다. 현재 살고 있는 주택만 있을 뿐 별도의 수입이 없는 노인들뿐만 아니라 노인들에 대한 부양의무가 있는 자식들에게도 큰 관심을 끌고 있다.

은행의 역모기지와 주택연금 비교

구분	은행 역모기지	주택연금
신청자격	40세 이상 주택 소유자	65세 이상 1주택 소유자
대출기간	확정(5~15년)	평생
거주권	만기 후 상환 못 하면 주택 처분	사망시까지 거주 보장
상환방법	만기 일시상환	사망 후 주택 처분 방식으로 상환

어떻게 가입하나

　주택 보유자인 신청자(노인)가 주택금융공사에 가서 상담한 후 '보증신청서'를 제출하면 주택금융공사가 담보주택에 대한 근저당을 설정하고 '보증서'를 발급해준다. 이것을 받아 금융기관에 가서 대출약정을 체결하면 15~30일 이내에 연금과 같은 형식으로 매달 약정한 금액을 지급받게 된다.

　따라서 신청자는 채무자가 되고, 금융기관은 채권자가 되며, 주택금융공사는 보증기관이 된다. 가입할 때는 가입자의 부담으로 금융기관이 주택금융공사에 초기 보증료(2%)와 매년 연 보증료(0.5%)를 지급한다.

이 대출업무를 취급하는 금융기관은 국민은행, 신한은행, 우리은행, 하나은행, 기업은행, 농협, 삼성화재, 흥국생명 등 8개 금융기관이다.

가입자격

부부가 함께 65세 이상인 1가구 1주택자로서, 직접 거주하고 있어야 하며, 타인에게 전세나 담보로 제공되지 않아야 한다.

주택연금 가입조건

구분	내 용
대상연령	부부 모두 65세 이상
지급기간	부부 모두 사망할 때까지
지급방식	순수종신형 : 매월 동일 금액 지급
	종신혼합형 : 매월 일정 금액 및 대출한도의 30% 이내 수시 인출 가능
대상주택	시가 6억 원 이하인 단독 및 공동주택
	부부 기준 1세대 1주택
보증료	초기 보증료 및 연 보증료

매달 얼마나 받을 수 있나

주택연금은 금융기관으로부터 받는 대출금이다. 금융기관은 담보주택으로 당시 적정 금리의 대출을 일으켜 이 수입으로 가입자의 생존기간 동안 매달 지급하는 것이다. 따라서 지급받는 금액은 담보주택의 가격과 가입자의 연령(앞으로 받게 될 기대수명)에 따라 다르다. 그리고 주택의 명의인 남편이 사망하더라도 아내가 계속해 동일한 금액을 받을 수 있다.

예를 들어 65세인 사람이 3억 원인 주택을 맡기면 약 2억 4,000만 원의 대출을 일으켜, 평생 동안 매달 86만 4,000원을 받게 된다. 만약 6억 원인 주택을 맡기면 4억 8,000만 원의 대출을 일으켜 매달 172만 9,000원을 받게 된다. 또한 나이가 70세인 경우에는 3억 원인 주택에 대해서는 106만 4,000원, 6억 원인 주택에 대해서는 201만 3,000원을 받을 수 있다.

- 순수종신형 : 평생 동안 매월 일정 금액 지급
- 종신혼합형 : 인출한도(대출한도의 30% 이내) 설정 후 잔여금액으로 매월 일정 금액 지급

주택가격 등락에 따라 지급금액이 달라지는가

주택연금 가입시점에 정해진 월 지급액은 주택가격 등락에 관계없이 변하지 않는다. 일단 가입을 하면 안정적인 생활비를 받

을 수 있다는 말이다. 그러나 주택가격 상승률과 적용금리는 매달 재산정해 반영하므로 가입시점에 따라 받는 금액이 달라질 수 있다.

목돈이 필요할 경우

'종신혼합 방식'을 선택하면 은행의 마이너스통장처럼 인출한도(대출한도의 30%)를 설정해놓고 의료비와 자녀교육비 등의 긴급자금을 찾아 사용할 수 있다. 이 경우에는 매달 받는 금액이 인출금액에 비례해 최대 한도인 30%까지 줄어든다.

이혼이나 재혼 또는 조기 사망의 경우

이혼의 경우 당시의 주택 소유자가 아닌 사람은 받을 수 없다. 주택 보유자가 재혼을 한 경우에는 계속 받을 수 있으나 재혼 후 사망한 경우 새로운 배우자는 받을 수 없다.

주택연금을 받던 부부가 조기에 사망하면 받던 연금이 유족에게 상속되는 것이 아니고 담보주택을 경매 처분해 대출원리금을 상환하고 나머지를 상속으로 받을 수 있다. 단, 유족이 주택연금

대출원리금을 갚는 조건이라면 주택을 상속받아 처분하는 것도 가능하다.

사망으로 인한 대출금의 상환

대출금의 상환은 이용자 사망 후 담보주택의 경매 처분가격의 범위 이내로 한다. 이 경우 대출금 상환 후 잔여금액이 있으면 상속인에게 돌려주며, 만일 부족분이 발생하더라도 상속인에게 청구하지는 않는다.

개인연금에 가입할 때 유의할 점

개인연금은 개인이 노후생활을 여유롭게 보내기 위해 필요한 자금을 장기간 마련하는 재테크 수단이다. 따라서 개인별 사정에 따라 실속 있게 미래의 생활을 설계하는 지혜가 필요하다.

미래의 생활패턴을 미리 계획한다

우리는 현재의 생활에 쫓겨 미래의 생활을 제대로 준비하지 못한 채 생활하고 있다. 시간적인 여유를 가지고 60세 이후의 솔직한 자신의 자화상을 그려보아야 한다. 그리고 이에 대비하여 현재의 자신이 어떻게 행동해야 하는지를 생각할 수 있을 것이다.

자신의 미래는 자신이 책임져야 하는 시대이기 때문이다.

노후 생활자금을 계산해본다

노후에 필요한 생활자금을 계산하려면 앞으로의 소득 정도, 물가와 금리의 변동 정도, 본인이 가진 재산상태 등을 종합적으로 검토해야 한다. 자신의 노후설계에 따라 다르겠지만 일반적으로 필요한 경비는 현재 자녀와 함께 생활할 때의 60~70% 정도가 될 것이다.

현재 저축이 가능한 자금규모를 생각한다

연금은 일반저축과는 달리 돈이 필요할 경우에 찾아서 사용한다는 생각은 버려야 한다. 그리고 무리한 계획을 세워 중도에 해지하면 손해를 보는 폭이 커질 것이므로 신중하게 세워야 할 것이다. 그 이전에 질병보험이나 교육보험, 운전자보험 등도 미리 정해야 한다. 그리고 직장인이 아닌 경우 국민연금, 건강보험도 사전에 고려해야 한다.
일반적으로는 현재 소득의 수준에 따라 다소 차이가 날 것이나 개인소득의 5~10% 내외 수준이 적절할 것이다.

가입상품과 가입연한을 결정한다

연금보험 상품은 그 종류가 다양하다. 현재 자신이 다양한 질병보험이나 운전자보험 등에 가입하고 있다면 위험을 보장하는 개인보험은 피하고 수령 연금액이 많고 금리에 연동되는 상품을 선택하는 것이 좋다.

연금의 가입기간은 노후자금 수령액과 직접 관계가 있으므로 가능한 한 일찍 시작하는 것이 유리하다. 그리고 만기는 경제적인 능력이 있을 때까지로 길게 잡는 것이 유리하다.

연금 수령시기와 수령형태를 선택한다

연금의 수령개시는 경제적인 능력이 상실되는 시기인 60세 전후가 적당하다. 수령방법은 정기적으로 분산 수령해야 절세효과가 나타난다. 연금의 지급시기, 방법, 기간 등은 자신의 필요에 따라 다양하게 선택할 수 있을 것이다. 일반적으로 60세 이상부터 20년 이상의 기간 동안 수령하는 것이 좋다.

연금의 수령형태는 10년 또는 20년간 수령하는 확정연금형, 종신 지급되는 종신연금형, 사망 이후에도 유족에게 지급되는 상속연금형 등이 있으므로 자신에게 적절한 유형을 선택하면 된다.

여자가 남자보다 평균 수명이 7년 정도 길기 때문에 남자가 사망 후 10년 정도 후까지 여자가 생존할 확률이 높다. 이 경우 연금의 수령인은 부부계약으로 하되 주된 피보험자는 남편이 되고, 종된 피보험자와 수익자는 부인으로 하는 것이 좋다.

중앙경제평론사
중앙생활사

Joongang Economy Publishing Co./Joongang Life Publishing Co.

중앙경제평론사는 앞서가는 오늘, 보다 나은 내일이라는 신념 아래 설립된 경제·경영서 전문 출판사로서 성공을 꿈꾸는 직장인, 경영인에게 전문지식과 자기계발의 지혜를 주는 책을 발간하고 있습니다.

금융 아는 만큼 보인다

초판 1쇄 발행 | 2007년 11월 23일
초판 3쇄 발행 | 2008년 6월 10일

지은이 | 김재욱(Jaeouk Kim)
펴낸이 | 최점욱(Jeomog Choi)
펴낸곳 | 중앙경제평론사(Joongang Economy Publishing Co.)
대　표 | 김용주
편　집 | 한옥수·최진호
기　획 | 박기현
디자인 | 신경선
마케팅 | 김진철·강동근
관　리 | 이현정
인터넷 | 김회승

출력 | 국제피알　종이 | 신승지류유통　인쇄·제본 | 삼덕정판사

잘못된 책은 바꾸어 드립니다.
가격은 표지 뒷면에 있습니다.

ISBN 978-89-6054-028-6(04320)
ISBN 978-89-6054-007-1(세트)

등록 | 1991년 4월 10일 제2-1153호
주소 | ⍟100-789 서울시 중구 왕십리길 160(신당5동 171) 도로교통공단 신관 4층
전화 | (02)2253-4463(ft)　팩스 | (02)2253-7988
홈페이지 | www.japub.co.kr 이메일 | japub@naver.com | japub21@empal.com
♣ 중앙경제평론사는 중앙생활사와 자매회사입니다.

Copyright ⓒ 2007 by 김재욱
이 책은 중앙경제평론사가 저작권자와의 계약에 따라 발행한 것이므로 본사의 서면 허락 없이는 어떠한 형태나 수단으로도 이 책의 내용을 이용하지 못합니다.
※ 이 책에 쓰인 본문 종이 E라이트는 국내 기술로 개발한 최신 종이로, 기존의 모조지나 서적지보다 더욱 가볍고 안전하며 눈의 피로를 덜도록 품질을 한 단계 높인 고급지입니다.

▶홈페이지에서 구입하시면 많은 혜택이 있습니다.

※ 이 도서의 국립중앙도서관 출판시도서목록(CIP)은 e-CIP 홈페이지(www.nl.go.kr/cip.php)에서 이용하실 수 있습니다.(CIP제어번호: CIP2007003379)